O Oceano da Teosofia

WILLIAM Q. JUDGE

O Oceano da Teosofia

UMA INTRODUÇÃO AOS ESCRITOS DE
H. P. BLAVATSKY

TRADUÇÃO DE FERNANDO MANSUR

EDITORA
TEOSÓFICA

Primeira edição em inglês, 1897
The Theosophy Co.,
Pasadena, Califórnia, EUA.

J 92 Judge, W. Q. (1898-1978)

O oceano da teosofia/ W. Q. Judge
Editora Teosófica, 1ª edição, 2020

Tradução do original em inglês:
The ocean of theosophy
Tradutor : Fernando Mansur
ISBN: 978-65-990758-10

I. Teosofia
II. Título

CDD 212

Capa/Diagramação: Ana Paula Cichelero
Revisão: Zeneida Cereja da Silva

SIG Quadra 6, nº 1235
70610-460-Brasília-DF
Email: editorateosofica@editorateosofica.com.br
Site: www.editorateosofica.com.br

SUMÁRIO

PREFÁCIO

Esta obra foi feita com a intenção de apresentar a Teosofia de maneira acessível ao leitor normal. Declarações audazes são feitas aqui baseadas no conhecimento do autor, mas ao mesmo tempo deve ficar claramente entendido que ele é o único responsável por tudo o que está escrito. O conteúdo deste livro não envolve em sentido algum a Sociedade Teosófica, nem são seus membros menos teosóficos por não se inclinarem a aceitar o que o autor aqui delineou. O tom de profunda convicção que pode ser visto predominando nestes capítulos não é o resultado de dogmatismo ou presunção, mas emana diretamente de um conhecimento baseado na evidência e na experiência.

Os membros da Sociedade Teosófica notarão que certas teorias ou doutrinas não foram discutidas. Isso acontece porque as mesmas não poderiam ser tratadas sem estender indevidamente o livro e criar polêmicas desnecessárias.

O tema da Vontade não foi abordado em vista de ser oculto esse poder ou faculdade, sutil e ignoto quanto à sua natureza essencial, e visível unicamente em seus efeitos. Como a Vontade é absolutamente incolor e varia em qualidade moral de acordo com o desejo que a impele; como atua frequentemente sem nosso conhecimento e como opera em todos os reinos inferiores ao homem, nada se poderia ganhar ao se tentar uma investigação sobre esta faculdade, separadamente do Espírito e do desejo.

Este livro não tem pretensões de originalidade. O autor não inventou nem descobriu nada de seu conteúdo, mas simplesmente escreveu o que lhe tem sido ensinado e demonstrado. Portanto, é somente a transmissão de algo que foi conhecido anteriormente.

William Q. Judge

RESUMO DOS CAPÍTULOS

CAPÍTULO 1:

A TEOSOFIA E OS MESTRES

Teosofia como é geralmente definida. A existência de homens altamente desenvolvidos no Universo. Esses homens são os Mahatmas, Iniciados, Irmãos, Adeptos. Como eles atuam e por que permanecem agora ocultos. A Loja d'Eles. Eles são homens aperfeiçoados de outros períodos de evolução. Eles tiveram vários nomes na história. Apolônio, Moisés, Salomão e outros eram membros dessa Fraternidade. Eles tinham uma única doutrina. Eles são possíveis porque o homem pode finalmente ser como é. Eles mantêm a verdadeira doutrina e fazem com que ela reapareça na hora certa.

CAPÍTULO 2:

PRINCÍPIOS GERAIS

Uma visão das leis gerais que regem o Cosmos. A divisão sétupla no sistema. A matéria real não é visível e isso sempre é conhecido pela Loja. Observe a porção inteligente do Cosmos. Na Mente universal, está contido o Plano Sétuplo do Cosmos. A evolução prossegue de acordo com o Plano na Mente universal. Períodos de evolução chegam ao fim; esta é a

Noite de *Brahmā*. O relato mosaico da cosmogênese reduziu as concepções modernas. Os judeus tinham apenas uma parte da doutrina extraída dos antigos egípcios. A doutrina está de acordo com o significado interno do Gênesis. A duração geral dos períodos de evolução. A mesma doutrina que a de Herbert Spencer. A antiga cronologia hindu fornece os detalhes. A história do Templo de Salomão é a da evolução do homem. Doutrina muito mais antiga que a cristã. A idade real do mundo. O homem tem mais de 18 milhões de anos. A evolução é realizada apenas pelos Egos internos, que finalmente se tornam usuários de formas humanas. Cada um dos sete princípios do homem é derivado de uma das sete grandes divisões do Universo.

CAPÍTULO 3:

A CADEIA TERRESTRE

A doutrina a respeito da Terra. Ela é sétupla também. É uma de uma cadeia de sete correspondendo ao homem. Todos os sete não estão em uma cadeia separada quanto aos membros, mas eles se interpenetram. A cadeia da Terra é a reencarnação de uma antiga cadeia anterior e agora morta. Essa cadeia antiga era uma das quais nossa lua é a representante visível. A lua agora está morta e se contraindo. Vênus, Marte etc. são membros vivos de outras cadeias semelhantes às nossas. Uma massa de Egos para cada cadeia. O número, embora incalculável, é definido. Seu curso de evolução através dos sete globos. Em cada um, certa parte de nossa natureza é desenvolvida. No quarto globo, o processo de condensação é iniciado e atinge seu limite.

CAPÍTULO 4:

A CONSTITUIÇÃO SETENÁRIA DO HOMEM

A constituição do homem. Como a doutrina difere da doutrina cristã comum. A verdadeira doutrina conhecida nos primeiros séculos desta era, mas propositadamente retirada de uma nação incapaz de suportá-la. O perigo se a doutrina não tivesse sido retirada. A divisão sétupla. Os princípios classificados. As divisões concordam com a cadeia de sete globos. O homem inferior é um ser composto. Sua trindade superior. Os quatro princípios inferiores são transitórios e perecíveis. A morte deixa a trindade como a nossa única parte permanente. O que é o homem físico e o que é o outro homem mortal invisível. Um segundo homem físico não visto, mas ainda mortal. Os sentidos pertencem ao homem invisível e não ao visível.

CAPÍTULO 5:

O CORPO FÍSICO E O CORPO ASTRAL

O corpo e o princípio da vida. O mistério da vida. O sono e a morte são devidos ao excesso de vida não suportável pelo organismo. O corpo é uma ilusão. O que é a célula? A vida é universal. Não é o resultado do organismo. O corpo astral. Do que é feito. Seus poderes e funções. Como um modelo para o corpo. Todo os reinos da Natureza o possuem. Seu poder de viajar. Os verdadeiros órgãos dos sentidos estão no corpo astral. O lugar que o corpo astral ocupa nas sessões espiritualistas. O corpo astral é responsável por telepatia, clarividência, clariaudiência e todos esses fenômenos psíquicos.

CAPÍTULO 6:

KĀMA – DESEJO

O quarto princípio. *Kāma-Rūpa*. Em inglês, as paixões e os desejos. *Kāma-Rūpa* não é produzido pelo corpo, mas é a causa do corpo. Este é o princípio do equilíbrio dos sete. É a base da ação e propulsor da vontade. O desejo certo leva ao ato certo. Este princípio tem um aspecto superior e um inferior. O princípio está no corpo astral. Na morte, ele se une ao corpo astral e faz dele uma concha do homem. Possui poderes próprios de natureza automática. Essa concha (casca ou cascão) é o chamado "espírito" das *sessões*. É um perigo para a raça. Elementais ajudam essa concha nas *sessões*. Nenhuma alma ou consciência está presente. Suicidas e criminosos executados deixam conchas muito coerentes. O princípio do desejo é comum a todos os reinos organizados. É a parte bruta do homem. O homem é agora um quaternário totalmente desenvolvido, com os princípios superiores parcialmente desenvolvidos.

CAPÍTULO 7:

MANAS – A MENTE

Manas é o quinto princípio. O primeiro do homem real. Este é o princípio do pensamento e não é o produto do cérebro. O cérebro é apenas seu instrumento. Como a luz da mente foi dada aos homens sem mente. Homens aperfeiçoados de sistemas mais antigos nos deram o que receberam de seus antecessores. *Manas* é o depósito de todos os pensamentos. *Manas* é o vidente. Se a conexão entre *Manas* e o cérebro for interrompida, a pessoa não poderá conhecer. Os órgãos do corpo não conhecem nada. *Manas* é dividido em superior e inferior. Suas quatro peculiaridades. Buda, Jesus e outros tiveram o *Manas* totalmente desenvolvido. *Ātmā*, o Ego Divino. A individualidade permanente. Essa individualidade permanente passou por todo tipo de experiência em muitos corpos. *Manas* e a matéria têm agora uma facilidade de ação maior do que nos tempos antigos. *Manas* é limitado pelo desejo, e isto torna a reencarnação uma necessidade.

CAPÍTULO 8:

SOBRE A REENCARNAÇÃO

Por que o homem é como ele é e como ele veio. Para que serve o Universo. A evolução espiritual e física exigem reencarnação. Reencarnação no Plano Físico é restabelecimento ou alteração da forma. Toda a massa de matéria do globo será um dia homens em um período distante. A doutrina antiga. Sustentada pelos cristãos primitivos. Ensinada por Jesus. O que reencarna. Os mistérios da vida surgem da encarnação incompleta dos princípios superiores. Não há transmigração para formas inferiores. Explicação do *Manu* sobre isso.

CAPÍTULO 9:

SOBRE A REENCARNAÇÃO – CONTINUAÇÃO

Objeções. O desejo não pode alterar a lei. Chegadas antecipadas ao céu. Eles devem esperar por nós. O reconhecimento da alma não depende de objetividade. A hereditariedade não é uma objeção. O que a hereditariedade faz. Divergências na hereditariedade não reconhecida. A história vai contra a hereditariedade. A reencarnação não é injusta. O que é justiça. Não sofremos pelos outros, mas por nossos próprios atos. Memória. Por que não nos lembramos de outras vidas. Quem fez? Como explicar o aumento da população.

CAPÍTULO 10:

ARGUMENTOS QUE APOIAM A REENCARNAÇÃO

Da natureza da alma. Das leis da mente e da alma. Das diferenças de caráter. Da necessidade de disciplina e evolução. Das diferenças de capacidade e início da vida no berço. A identidade individual prova isso. O provável objetivo da vida a torna necessária. Uma vida não é suficiente para cumprir os propósitos da Natureza. A mera morte não confere nenhum avanço. Uma escola após a morte é ilógica. A persistência da selvageria e a decadência das nações dão apoio a ela. O aparecimento de gênios é devido à reencarnação. Ideias inerentes comuns ao homem mostram isso. Oposição à doutrina baseada unicamente no preconceito.

CAPÍTULO 11:

KARMA

Definição da palavra. Um termo desconhecido. Uma lei beneficente. Como a vida atual é afetada por atos passados de outras vidas. Cada ato tem um pensamento em sua raiz. Através de *Manas*, eles reagem a cada vida pessoal. Por que as pessoas nascem portadoras de necessidades especiais ou em más circunstâncias. As três classes de *Karma* e seus campos de operação. *Karma* nacional e racial. Infelicidade e felicidade individuais. As palavras do Mestre sobre o *Karma*.

CAPÍTULO 12:

KĀMA-LOKA

O primeiro estado após a morte. Onde e o quê são o céu e o inferno? A morte do corpo é apenas o primeiro passo da morte. Uma segunda morte depois disso. Separação dos sete princípios em três classes. O que é *Kāma-Loka*? Origem do purgatório cristão. É uma esfera astral com vários graus. Os *Skandhas*. A concha astral do homem no *Kāma-Loka*. É desprovida de alma, mente e consciência. É o "espírito" das salas de *sessões*. Classificação de conchas no *Kāma-Loka*. Magos negros lá. O destino de suicidas e outros. Inconsciência pré-devachânica.

CAPÍTULO 13:

DEVACHAN

O significado do termo. Um estado de *Ātmā-Buddhi-Manas*. A operação do *Karma* no *Devachan*. A necessidade do *Devachan*. É um outro tipo de pensamento, sem corpo físico para obstruí-lo. Apenas dois campos para a operação das causas – o subjetivo e o objetivo. O *Devachan* é único. Não existe tempo para a alma. Duração da estadia lá. A matemática da alma. A permanência média é de 1500 anos mortais. Depende dos impulsos psíquicos da vida. Sua utilidade e finalidade. Nos últimos pensamentos da morte, o estado *Devachânico* é formado. O *Devachan* não é sem sentido. Vemos aqueles deixados para trás? Trazemos suas imagens diante de nós. As entidades no *Devachan* têm o poder de ajudar aqueles que amam. Os médiuns não podem ir aos que estão no *Devachan*, exceto em casos raros e quando a pessoa é pura. Só Adeptos podem ajudar aqueles que estão no *Devachan*.

CAPÍTULO 14:
CICLOS

Uma das doutrinas mais importantes. Palavras correspondentes em sânscrito. Poucos ciclos conhecidos no Ocidente. Eles causam o reaparecimento de antigas personagens vivas. Eles afetam a vida e a evolução. Quando o primeiro momento chegou. A primeira taxa de vibração determina as subsequentes. Quando o homem deixa o globo, as forças morrem. Convulsões e cataclismos. Reencarnação e *Karma* misturados com a lei cíclica. As civilizações voltam. O ciclo dos *Avatares*. Krishna, Buda e outros passam por ciclos. Personagens menores e grandes líderes. A interseção de ciclos causa convulsões. Ciclos da Lua, do Sol e o Sideral. Ciclos individuais e o de reencarnação. O movimento através das constelações e o significado da história de Jonas. O relógio zodiacal. Como as ideias são impressas e preservadas pelas nações. Causa de Terremotos, Fogo Cósmico, Glaciação e Inundações. Os Ciclos *Bhramânicos*.

CAPÍTULO 15:
ELOS PERDIDOS

Origem última do homem não detectável. O homem não derivou de um único par, nem dos animais. Sete raças de homens apareceram simultaneamente no globo. Elas agora estão amalgamadas e se diferenciam. Os macacos antropoides. A origem deles. Eles vieram do homem. Eles são descendentes da progênie originária de união não natural na terceira e quarta raças. As raças atrasadas. Os livros secretos sobre a questão. As características humanas dos macacos explicadas. Os reinos inferiores de outros planetas. Sua diferenciação por interferência inteligente dos *Dhyānis*. O ponto intermediário da evolução. Formas astrais de rondas antigas solidificaram-se em rondas físicas. Elos perdidos, o que são e por que a Ciência não pode descobri-los. O objetivo da Natureza em todo esse trabalho.

CAPÍTULO 16:

LEIS FÍSICAS E FORÇAS

Nenhuma psicologia verdadeira no Ocidente. Ela existe no Oriente. O homem é o espelho de todas as forças. A gravidade é apenas uma meia lei. Importância da polaridade e coesão. Tornando objetos invisíveis. Imaginação todo-poderosa. Telegrafia mental. Ler mentes é roubo. Aporte, clarividência, clariaudiência e segunda visão. Imagens na luz astral. Sonhos e visões. Aparições. Clarividência real. O estímulo interno causa uma impressão externa. Luz astral, o registro de tudo.

CAPÍTULO 17:

FENÔMENOS PSÍQUICOS E ESPIRITUALISMO[1]

Espiritualismo com nome errado. Deve ser chamado de necromancia e culto aos mortos. Este culto não se originou na América. Prática há muito conhecida na Índia. Os fatos registrados merecem exame. Os teósofos admitem os fatos, mas os interpretam de maneira diferente do "espiritualista". O exame limitou-se à questão de saber se os mortos retornam. Os mortos não retornam assim. A massa de comunicações é da concha astral do homem. Objeções às alegações feitas por médiuns. O registro justifica o ridículo da ciência. A materialização e o que ela é. Uma massa de matéria magnética elétrica com uma imagem da luz astral. Ou o corpo astral do médium é expelido do corpo vivo. A análise das leis a serem conhecidas, antes que os fenômenos possam ser entendidos. O *timbre* da "voz indcpendente". Importância do reino astral. Os perigos da mediunidade. A tentativa de obter esses poderes por dinheiro ou fins egoístas também é perigosa. A lei cíclica ordena o abrandamento da força neste momento. O objetivo da Loja.

[1] Em todas as passagens deste livro, optamos por traduzir *Spiritualism*, por Espiritualismo. (N.E.)

CAPÍTULO 1

A TEOSOFIA E OS MESTRES

A Teosofia é esse oceano de conhecimentos que se estende de uma margem da evolução dos seres conscientes à outra; insondável em suas partes mais profundas, oferece às mentes mais eminentes a esfera de ação mais completa; e, no entanto, pouco profunda em suas margens, não afligirá a compreensão de uma criança. A Teosofia é sabedoria concernente a Deus para aqueles que creem que Ele está em todas as coisas e em tudo, e é a sabedoria sobre a Natureza, para o homem que aceita a declaração da Bíblia cristã de que Deus não pode ser medido nem descoberto e que as sombras envolvem seu pavilhão[2].

Embora o vocábulo Teosofia contenha etimologicamente o termo Deus, e à primeira vista aparente abarcar somente a religião, nem por isso descuida-se da Ciência, porque a Teosofia é a ciência das ciências e, portanto, tem sido chamada a Religião-Sabedoria. Posto que nenhuma ciência é completa se excluir um aspecto da Natureza, seja visível ou invisível, assim também toda religião que, dependendo simplesmente de uma suposta revelação, se desvia das coisas e das leis que as governam, não é senão

[2] No original em inglês: *pavilion*. (N. E.)

uma ilusão, um inimigo do progresso, um obstáculo na marcha progressiva do homem em direção à felicidade. Abarcando ambos, o científico e o religioso, a Teosofia é uma religião científica e uma ciência religiosa.

Não é uma crença nem um dogma formulado ou inventado pelos homens, mas um conhecimento das leis que governam a evolução dos constituintes físicos, astrais, psíquicos e intelectuais da Natureza e do ser humano. A religião de hoje não é senão uma série de dogmas promulgados pelos homens e sem fundamento científico em relação aos princípios éticos; enquanto isso nossa ciência até agora ignora o invisível e recusando admitir a existência no ser humano de uma completa série de faculdades interiores de percepção, fica excluída do imenso e verdadeiro campo de experiência que jaz dentro dos mundos visíveis e tangíveis. A Teosofia sabe que o todo está constituído pelo visível e o invisível; e compreendendo que as coisas e os objetos externos são apenas transitórios, esta percebe os fatos reais da Natureza, tanto externos como internos. Assim, a Teosofia é completa em si mesma e não vê em nenhuma parte mistério algum sem solução; por isso elimina a palavra coincidência de seu vocabulário e proclama o reino da lei em todas as coisas e em todas as circunstâncias.

Que o ser humano possui uma alma imortal é uma crença comum da humanidade; a isso a Teosofia acrescenta que ele é uma alma, e mais ainda, que toda a Natureza é consciente, que a imensa variedade de objetos e seres humanos não são simples agregados de átomos acidentalmente acumulados, e, portanto, sem lei que desenvolva lei, mas que até o átomo mais ínfimo é alma e espírito sempre evoluindo sob o domínio de uma lei inerente a tudo. O ensinamento teosófico é idêntico ao da antiguidade, que diz que a marcha da evolução é o drama da alma, e que a Natureza não existe com nenhum outro fim que o de servir para a experiência da alma.

O teósofo está de acordo com o professor Huxley em seu *Essays on Some Controverted Questions*, 1891, quando declarou que devem existir seres no Universo cuja inteligência se encontra tão avançada em relação à nossa, como a nossa à do escaravelho; que tais seres tomam parte ativa no governo da ordem natural das coisas. Avançando ainda mais, à luz da confiança que ele deposita em seus Mestres, o teósofo acrescenta que tais inteligências foram uma vez humanas e que, assim como nós, elas também vieram de mundos prévios onde era possível adquirir uma experiência tão diversificada como é possível ser adquirida neste globo. Assim, nós não estamos aparecendo pela primeira vez quando descemos a este planeta, mas temos seguido um longo e incomensurável curso de atividade e percepção inteligente em outros sistemas de globos, alguns dos quais foram destruídos idades antes da condensação do Sistema Solar. Este alcance imenso de sistema evolucionário significa, pois, que este planeta, no qual nos encontramos, é o resultado da atividade e evolução de algum outro planeta que desapareceu há muito tempo, deixando atrás de si suas energias que haveriam de ser utilizadas em induzir a formação da Terra, e que por sua vez os habitantes da mesma vieram de algum mundo anterior para prosseguir aqui com seu trabalho fixado na matéria. Os planetas mais brilhantes, tais como Vênus, são a residência de entidades ainda mais avançadas, uma vez tão humildes como nós, agora elevadas a um grau de glória incompreensível a nosso intelecto.

O ser mais inteligente do Universo – o homem – jamais esteve então sem um amigo; mais propriamente, tem um grupo de Irmãos Mais Velhos que velam continuamente pelo progresso dos menos adiantados; que conservam o conhecimento adquirido através de éons de ensaio e experiência, e incessantemente buscam as oportunidades de induzir a inteligência em desenvolvimento da raça, neste ou em outros globos, a considerar as grandes verdades que concernem ao destino da alma. Estes Irmãos mais Velhos também guardam o conhecimento que eles próprios adquiriram das leis da Natureza em todos os seus departamentos, e encontram-se sempre dispostos a usá-lo, quando o permita a lei cíclica, para o proveito da humanidade. Eles sempre existiram como um corpo ou associação, todos conhecendo-se uns aos outros, sem importar a parte do mundo em que possam se encontrar, e todos trabalhando pela raça humana em diferentes formas. Em algumas épocas chegam a ser bem conhecidos pelas pessoas, e circulam dentro de núcleos de homens comuns, sempre que a organização social, a virtude, e o grau de desenvolvimento permitam-no. Porque se se dessem a conhecer publicamente em todas as partes, seriam venerados como deuses por uns e perseguidos como demônios por outros. Nesses períodos em que eles se manifestam, alguns de seus membros converteram-se em governantes dos homens, outros em instrutores e outros tantos em grandes filósofos, enquanto que outros permanecem ainda desconhecidos, exceto para os membros mais avançados de seu grupo.

Seria uma subversão aos fins que eles têm em vista tornar-se conhecidos nesta presente civilização, a qual está quase totalmente baseada no dinheiro, na fama, glória e personalidade. Porque esta era, segundo declarou um deles, "é uma era de transição", quando todo o sistema de pensamento, de ciência, de religião, de governo e de sociedade está em processo de mudança, e as mentes dos indivíduos estão somente preparando-se para uma mudança para aquele estado que permitirá à raça avançar até o grau propício em que estes Irmãos Mais Velhos possam introduzir suas atuais presenças em nossa cena. Eles podem verdadeiramente ser chamados os porta-tochas da verdade através das idades. Eles investigam todas as coisas e todos os seres e conhecem o que é o homem no mais recôndito e íntimo de sua natureza, até o que são seus poderes e seu destino, seu estado antes do nascimento e os estados através dos quais ele passa depois da morte do corpo; Eles têm velado junto ao berço das nações e visto as grandes conquistas dos antepassados; têm velado com tristeza a decadência daqueles que careceram de força para resistir à lei cíclica de ascensão e queda; e enquanto os cataclismos pareciam trazer uma total destruição da arte, da arquitetura, da religião e da filosofia, Eles têm conservado os arquivos e registros completos em lugares salvos de serem destruídos pelos homens ou pelo tempo. Eles vêm efetuando minuciosas observações através de membros de sua Irmandade psiquicamente treinados nos reinos invisíveis da Natureza e da mente, tendo essas observações sido preservadas e registradas. Eles chegaram ao domínio completo dos mistérios do som e da cor, através dos quais unicamente se pode chegar à comunicação com os seres elementais que estão por trás do véu da matéria, e assim podem estes Irmãos Mais Velhos explicar o porquê cai a chuva e com que objetivo cai; se a Terra é oca ou não; o que faz soprar o vento e brilhar a luz, e a façanha ainda mais importante de todas – uma que requer o conhecimento do próprio fundamento da Natureza – sabem quais são as subdivisões últimas do tempo e qual o significado e a duração dos ciclos.

Porém, pergunta agora o ocupado homem do século 19, que lê os jornais e que acredita no "progresso moderno", se tais Irmãos Mais Velhos fossem realmente tudo o que se pretende que sejam, por que não deixaram algum traço na história nem congregaram outros homens ao seu redor? A isso, a própria resposta deles, publicada há um tempo pelo senhor A. P. Sinnett, é melhor que qualquer outra que eu pudesse oferecer:

> "Se lhe agrada, discutiremos primeiramente o que se refere ao suposto fracasso da "Fraternidade" em deixar algum indício na história do mundo. Segundo vocês pensam, Eles, com suas vantagens extraordinárias, deveriam ter sido capazes de atrair à sua escola um número conside-

rável das mentes mais cultas de cada raça. Como o senhor sabe que não conseguiram tal coisa? Está o senhor inteirado de seus esforços, seus êxitos e fracassos? Possui alguma base para processá-los? Como seria possível recolher provas dos feitos desses Homens que têm mantido frequentemente fechado todo acesso possível através do qual o curioso poderia espiá-los? A principal condição de seu êxito é que Eles jamais foram supervisionados ou obstaculizados; Eles sabem o que têm feito; a única coisa que aqueles fora de seu círculo poderiam perceber seriam os resultados, cujas causas ficariam sempre ocultas e fora de alcance. Para explicar tais resultados, muitos homens, em distintas épocas, inventaram teorias da intervenção de deuses, providências especiais, destinos e influências benéficas ou maléficas dos astros. Jamais existiu uma época, dentro ou fora do suposto período histórico, na qual nossos predecessores não estivessem moldando os eventos e "fazendo história", cujos fatos foram subsequente e invariavelmente torcidos pelos historiadores para ajustá-los a preconceitos contemporâneos. Está o senhor bem seguro de que os heroicos personagens visíveis, nos sucessivos dramas, não eram com frequência senão suas máscaras ou fantoches? Jamais alegamos ser capazes de arrastar as nações em massa a uma ou outra crise, a despeito da tendência geral das relações cósmicas do mundo. Os ciclos têm que percorrer suas rondas. Os períodos de claridade e obscuridade mental e moral se sucedem uns aos outros, assim como o dia à noite. Os *yugas* maiores e menores devem ser concretizados de acordo com a ordem estabelecida das coisas. E nós, carregados pela poderosa maré, só podemos modificar e direcionar algumas das suas correntes menores. Os maiores e menores *yugas* têm que ser levados a cabo de acordo com o regime estabelecido das coisas. E nós, nascidos dentro da corrente majestosa, apenas podemos modificar e dirigir algumas de suas correntes secundárias"

É em virtude da lei cíclica e durante um período de ignorância na história da mente, que a filosofia verdadeira desaparece por um tempo; mas é esta mesma lei que causa seu reaparecimento, tão segura como o nascer do Sol ante a face da mente humana que se encontra presente para contemplá-la. Todavia, há algumas tarefas que só podem ser cumpridas ou executadas pelo Mestre, enquanto que outros trabalhos requerem a ajuda dos condiscípulos. É dever do Mestre preservar a filosofia verdadeira, porém é necessária a ajuda deles para redescobri-la e promulgá-la. Novamente os Irmãos Mais Velhos têm indicado onde pode ser encontrada a verdade – a Teosofia –, e os condiscípulos, por todas as partes do mundo, se ocupam em manifestá-la para sua maior circulação e propagação.

Os Irmãos Mais Velhos da Humanidade são Homens que eram perfeitos em períodos anteriores de evolução. Estes períodos de manifestação são desconhecidos dos evolucionistas modernos, no que concerne a seu número, ainda que por longo tempo têm sido reconhecidos não apenas pelos hindus antigos, como também por aquelas grandes mentes e homens excelsos que instituíram e continuaram a forma originalmente pura e inadulterada dos Mistérios da Grécia Antiga. Os períodos de manifestação dos Universos visíveis que surgem do Grande Desconhecido são eternos em suas idas e vindas, e se alternam com períodos equivalentes de silêncio e repouso, de volta ao Desconhecido. O objetivo dessas sublimes ondas é a produção do homem perfeito, a evolução da alma, e estas ondas sempre resultam no crescimento do número de Irmãos Mais Velhos; a vida do menor dos homens reflete essas ondas no dia e na noite, na vigília e no sono, no nascimento e na morte, "porque estes dois, a luz e a obscuridade, o dia e a noite, são as sendas eternas do mundo". [3] Em todas as eras e na história completa das nações, têm sido dadas diferentes designações a estes Homens de grande poder e compaixão. Eles têm sido chamados Iniciados, Adeptos, Magos, Hierofantes, Reis do Oriente, Sábios, Irmãos e vários outros nomes. Mas no idioma sânscrito há uma palavra que, quando se aplica a Eles, imediata e completamente os identifica com a humanidade. Esse nome é o de Mahatma. Esta palavra se compõe de *Maha*: grande, e *Ātmā*, alma, e portanto significa "grande alma"; e posto que todos os homens possuem almas, o que distingue o Mahatma é sua grandeza. O uso do termo Mahatma se espalhou principalmente através da Sociedade Teosófica, pelo fato de que a Sra. Blavatsky se referia constantemente aos Mahatmas como seus Mestres, os quais favoreceram-na com o conhecimento que ela possuía.

---

[3] SINNETT, A. P., *O Mundo Oculto*, Editora Teosófica, Brasília, 2000. (N.E.)

A princípio foram conhecidos como os Irmãos; porém, mais adiante, ao receberem muitos hindus no movimento teosófico, o nome de Mahatma foi introduzido, devido a este título ter atrás de si uma solidez imensa na tradição e literatura da Índia. Em diferentes ocasiões, alguns inimigos sem escrúpulos da Sociedade Teosófica chegaram a dizer que até o próprio nome de Mahatma tinha sido inventado, e que tais Seres eram desconhecidos entre os hindus e em sua literatura. Mas essas asserções foram feitas simplesmente para desacreditar, se fosse possível, um movimento filosófico que ameaçava transtornar completamente os errôneos dogmas teológicos. Porque através da literatura hindu se faz referência aos Mahatmas, e em partes do Norte da Índia o termo é de uso comum.

No antigo poema da *Bhagavad-Gitā*, reverenciado por todas as seitas e aceito pelos críticos ocidentais por ser tão nobre quanto belo, há um verso que diz: "Semelhante Mahatma é difícil de encontrar". [4] Mas, independentemente de toda disputa acerca de termos específicos, existem amplos argumentos e provas para demonstrar que uma Fraternidade de Homens, possuidores do maravilhoso conhecimento delineado anteriormente, tem existido sempre e provavelmente exista hoje. Os antigos mistérios continuamente fazem referência a Eles. O Egito antigo os teve em seus grandes Reis-Iniciados, filhos do sol e amigos dos grandes deuses. Existe uma tendência a menosprezar as ideias dos antigos, o que

[4] *Bhagavad-Gitā*, Capítulo VII, Editora Teosófica, Brasília, 2016. (N.E.)

em si só deprecia a humanidade atual. Até o cristão, que fala com reverência de Abraão como "o amigo de Deus", considerará desdenhosamente as pretensões dos soberanos egípcios de gozar da mesma amizade como apenas uma pretensão pueril de dignidade e classe. Porém, a realidade é que estes grandes egípcios eram Iniciados, membros de uma Grande Loja única, a qual abarca todas as outras, de qualquer grau que sejam suas atividades. Os mais recentes e decadentes egípcios, naturalmente, devem ter imitado a seus predecessores, mas isso foi já quando a doutrina verdadeira estava começando uma vez mais a ser obscurecida por motivo da ascendência do dogma e do sacerdócio.

A história de Apolônio de Tyana refere-se a um membro de uma destas mesmas Fraternidades antigas, que apareceram entre os homens durante um ciclo descendente e apenas para o único propósito de manter um testemunho na cena para as gerações futuras.

Abraão e Moisés entre os judeus são outros dois Iniciados, Adeptos, que tinham que efetuar sua tarefa entre certo povo, e é na história de Abraão que nos encontramos com Melquisedeque , que era ainda maior que Abraão, já que tinha o direito de conferir a este um mérito, um privilégio ou uma benção. O mesmo capítulo da história humana que contém os nomes de Moisés e de Abraão está iluminado com o de Salomão. Estes três compõem uma grande Tríade de Adeptos, os anais de cujos fatos não podem ser postos de lado como algo insensato nem como desprovido de fundamento.

Moisés foi instruído pelos egípcios na região de Madiã; de ambos adquiriu consideráveis conhecimentos ocultos, e todo estudante avançado da grande Maçonaria Universal pode perceber, através de todos os textos de Moisés, a mão, o plano e a obra de um Mestre. Abraão, por outro lado, conhecia todas as artes e muito dos poderes psíquicos que eram praticados em sua época, ou do contrário ele não teria se associado com reis nem teria sido "o amigo de Deus"; e tão somente a referência a seus diálogos com o Todo-Poderoso, em relação à destruição de cidades, demonstra que ele foi um Adepto, que por um longo tempo havia transcendido a necessidade do cerimonial e outras ajudas externas. Salomão completa esta tríade e se destaca em letras de fogo. Ao seu redor agrupa-se tal volume de lendas e histórias acerca de suas manipulações dos poderes elementais e suas faculdades mágicas, que teria que se condenar todo o mundo da antiguidade como um conjunto de néscios criadores de mentiras por pura diversão, se se negar que ele foi um grande personagem, um exemplo maravilhoso da encarnação de um poderoso Adepto entre os homens.

Nós não precisamos aceitar o nome de Salomão nem crer que ele governou os judeus; porém, temos que admitir o fato de que em algum lugar, durante os nebulosos tempos aos quais se referem os anais judaicos, um homem, que era um Adepto, viveu e lutou entre os homens da Terra, e a quem, tempos depois, foi dado o nome de Salomão. Os escassos críticos peripatéticos podem simular ver no predomínio da tradição universal nada além da evidência de sua credulidade humana e de sua habilidade de imitar; mas o verdadeiro estudante da natureza humana e da vida sabe que as tradições universais são verídicas e surgem de fatos verídicos na história do homem.

Dirigindo nossa atenção para a Índia, durante longo tempo esquecida e ignorada pelo ambicioso, egoísta, combatente e comercializado mundo ocidental, a encontramos repleta de uma grande erudição referente a estes homens maravilhosos, entre os quais Noé, Abraão, Moisés e Salomão são apenas exemplos. Os habitantes da Índia estão preparados, em razão de seu temperamento e clima, para serem os conservadores das joias filosóficas, éticas e psíquicas, as quais teríamos perdido para sempre, se as mesmas tivessem sido abandonadas ao saque dos godos e dos vândalos, como foram as nações ocidentais nos primeiros dias de suas lutas em prol da cultura e da civilização. Se os homens que desenfreadamente queimaram imensas quantidades de tesouros históricos e etnológicos da Espanha e da América Central e do Sul tivessem conseguido localizar os livros e os documentos escritos em folhas de palmeira na Índia, antes de que o escudo protetor da Inglaterra se levantasse contra eles, os teriam destruído da mesma maneira que arruinaram os anais dos americanos, tal como seus antecessores tentaram fazer com a Biblioteca de Alexandria. Afortunadamente, os acontecimentos se desenrolaram de outro modo.

Através da extensa literatura da Índia, encontramos dezenas de grandes Adeptos, bem conhecidos das pessoas, que ensinaram a mesma história – a epopeia da alma humana. Seus nomes não são familiares ao ouvido ocidental, mas os testemunhos de seus pensamentos, suas obras e seus poderes ainda vivem. Mais ainda, no aprazível e imutável Oriente existem hoje em dia, às centenas, pessoas que sabem, por seu próprio conhecimento, que a Grande Loja existe ainda e tem seus Mahatmas, Adeptos, Iniciados ou Irmãos. E tem mais: nesse país existe tal número de homens especialistas na aplicação prática de um poder menor, mas ainda maravilhoso, sobre a Natureza e suas forças, que temos um inegável volume de evidência humana para provar nossa tese.

E se a Teosofia – o ensinamento dessa Grande Loja – é, como se disse, científica e religiosa, então, do ponto de vista ético, temos ainda mais provas. Uma poderosa Tríade, atuando com e por meio dos princípios éticos, é formada por Buda, Confúcio e Jesus. O primeiro, um hindu, estabelece uma religião que hoje abarca muito mais pessoas que o Cristianismo, ensinando, séculos antes de Jesus, a mesma ética que este ensinou e que havia sido já promulgada séculos antes de Buda. Jesus, que vem para reformar seu povo, repete esta ética antiga, e Confúcio faz o mesmo na antiga e honorável China.

O teósofo afirma que todos estes grandes nomes representam membros de uma única Fraternidade e que todos têm uma única doutrina. E que tais seres extraordinários que aparecem de vez em quando dentro da civilização ocidental, como Saint Germain, Jacob Boehm, Cagliostro, Paracelso, Mesmer, o conde de San Martin e a Madame H. P. Blavatsky, foram agentes encarregados de cumprir no momento propício o trabalho da Grande Loja. É certo que eles são geralmente ultrajados e qualificados de impostores, embora ninguém possa dizer por que o são, já que geralmente eles conferem benefícios, traçam proposições ou fazem descobertas que resultam de grande valor para a ciência depois de sua morte. Todavia o próprio Jesus seria tachado hoje de impostor, se aparecesse numa igreja da Quinta Avenida de Nova Iorque reprovando os cristãos professos. Paracelso foi o criador de valiosos métodos e tratamentos médicos hoje universalmente adotados. Mesmer ensinou o hipnotismo sob outro nome. Madame Blavatsky trouxe mais uma vez à atenção do Ocidente o sistema mais importante, por muito tempo conhecido pela Grande Loja, referente ao homem, sua natureza e seu destino. Porém, todos eles são igualmente qualificados de impostores por pessoas que não têm nenhuma filosofia original própria, e cujas classes mendicantes e criminais excedem em grau de miséria e em número aos de qualquer outra civilização da Terra.

Não será incomum se quase todos os leitores ocidentais se perguntarem como seres humanos podem saber tanto e possuir tal poder sobre as operações da lei natural, como tenho atribuído aos Iniciados, agora conhecidos como Mahatmas. Na Índia, na China e em outras Terras orientais, este fato não espantaria ninguém, porque ali, apesar de que tudo o que diz respeito à civilização materialista está hoje num estado de atraso, eles jamais perderam a crença na natureza interior do homem e no poder que ele pode exercer se tal é sua vontade. Por conseguinte, exemplos vivos desses poderes e capacidades jamais estiveram ausentes desses povos. Mas no Ocidente, uma civilização materialista que surgiu através da negação da vida e da natureza da alma, em consequência de uma reação a um dogmatismo ilógico, não tem havido nenhuma investigação sobre estes assuntos e, até pouco tempo, o público em geral não acreditava na possibilidade de que um ser humano, exceto um suposto Deus, possuísse tal poder.

Um Mahatma, dotado de poderes sobre espaço, tempo, mente e matéria, é por certo uma possibilidade, precisamente porque ele é um homem perfeito. Cada ser humano possui o gérmen de todos os poderes atribuídos a estes grandes Iniciados; a diferença reside unicamente no fato de que, em geral, nós não temos desenvolvido aquilo que possuímos em gérmen, enquanto que o Mahatma passou através de tais disciplinas e experiências que ocasionaram o desenvolvimento de todos os poderes humanos ocultos nele, e conferiram dons que aparecem como divinos aos olhos de seus irmãos que lutam abaixo dele.

A telepatia, a faculdade de ler o pensamento, e o hipnotismo, conhecidos pela Teosofia há muito tempo, demonstram a existência, no homem, de planos de consciência, funções e faculdades até agora não sonhados. A leitura do pensamento e o influir a distância sobre a mente do sujeito hipnotizado provam a existência de uma mente que não está totalmente dependente do cérebro, e que existe um meio pelo qual o pensamento influente pode ser transmitido. É sob o domínio desta lei que os Iniciados podem comunicar-se entre si a qualquer distância. A exposição *racional* desta faculdade, mesmo não admitida pelas escolas de hipnotismo, é que se as duas mentes vibram em uníssono ou passam ao mesmo estado, ambas pensarão de modo igual; ou, em outras palavras, o que há de perceber a longa distância, recebe a onda ou impressão transmitida pelo outro. Da mesma forma, ocorrem os demais poderes ou faculdades, não importando o quão extraordinários sejam. Esses poderes são naturais, ainda que hoje raros, assim como uma grande habilidade musical é natural, embora não seja um fenômeno comum.

Se um Iniciado pode fazer mover um objeto sólido sem tocá-lo, é porque tem compreensão das duas leis, de atração e repulsão, das quais a gravidade é apenas uma delas; se ele é capaz de precipitar do ar invisível o carbono que sabemos que se oculta no mesmo, e de converter esse carbono em frases redigidas sobre o papel, é por intermédio de seu conhecimento da Química oculta superior e o exercício de uma disciplinada e poderosa faculdade de imaginação criadora que cada ser humano possui. Se o Iniciado lê os pensamentos de alguém com facilidade, isso é o resultado do uso dos poderes internos e reais da visão, que não requerem a ajuda de uma retina para ver a finíssima malha da imagem que o vibrante cérebro do homem tece frente a si mesmo. Tudo o que o Mahatma pode fazer é natural ao homem perfeito; porém, se esses poderes ainda não nos foram revelados, é porque a raça é ainda de todo egoísta e ainda vive para o presente e o transitório.

Repito, pois, que embora a verdadeira doutrina desapareça dentre os homens por um tempo, a mesma esta destinada a reaparecer, porque, primeiramente, está gravada no imperecível centro da natureza do homem, e, segundo, a Loja para sempre a conserva, não somente em arquivos reais, como também dentro dos inteligentes e totalmente autoconscientes homens que depois de atravessarem com êxito os muitos períodos de evolução que antecederam a este em que nos encontramos, não podem perder os valiosos conhecimentos que adquiriram. E em razão de que os Irmãos Mais Velhos representam o mais elevado produto da evolução, por meio de quem, em cooperação com toda a família humana, a realização regular e perfeitamente laboriosa dos planos do Grande Arquiteto do Universo pode ser continuada, considerei justo fazer referência a Eles e à sua Loja Universal, antes de empreender a exposição de outros aspectos da matéria.

CAPÍTULO 2

PRINCÍPIOS GERAIS

Os ensinamentos teosóficos tratam principalmente de nosso planeta, embora seu alcance se estenda a todos os mundos, posto que nenhuma porção do Universo manifestado fica fora do sistema único de Leis que nos governam. Nossa Terra, sendo um dos globos do Sistema Solar, está sem dúvida relacionada com Vênus, Júpiter e outros planetas; porém, como a evolução da grande família humana tem que permanecer encadeada a seu veículo – a Terra – até que todos os componentes da Raça que estão preparados alcancem a perfeição, a evolução da família humana é da maior importância para seus membros. Algumas particularidades relativas aos outros planetas serão expostas mais adiante. Começaremos por dar uma ideia geral das leis que governam o Universo.

O Universo se desenvolve do desconhecido, dentro do qual nenhum homem nem inteligência alguma, por grande que fosse, pode penetrar; dentro de sete planos ou sete modos ou métodos em todos os mundos, e esta diferenciação setenária causa por sua vez a constituição setenária de todos os mundos dentro do Universo, assim como dos seres que neles residem. Como foi ensinado desde a antiguidade, os mundos pequenos e grandes são as cópias do conjunto ou do todo, e o inseto mais minúsculo, assim como o ser mais altamente desenvolvido, são ambos *réplicas*, em forma pequena ou grande, do vasto original que tudo inclui. Daqui se deriva o provérbio dos antigos filósofos: "Como é em cima, assim e embaixo".

As divisões do Universo setenário podem ser descritas aproximadamente como: O Absoluto, o Espírito, a Mente, a Matéria, a Vontade, o *Akasha* ou Éter, e a Vida. Podemos usar a palavra Espaço em lugar de "O Absoluto", porque o Espaço é o que sempre é e dentro do qual toda manifestação deve produzir-se. O termo *Akasha*, tomado do sânscrito, se usa em lugar do Éter, porque nosso idioma não criou ainda nenhuma palavra adequada para designar propriamente esse estado tênue ou sutil da matéria, o qual é algumas vezes chamado Éter pelos cientistas modernos. Com respeito ao Absoluto, somente podemos dizer que É. Nenhum dos grandes Instrutores da Escola atribui qualidades ao Absoluto, embora todas as qualidades existam n'Ele. Nosso conhecimento começa com a diferenciação, e todos os objetos, seres ou poderes manifestados, não são senão diferenciações do Grande Desconhecido. O mais que se pode dizer é que o Absoluto periodicamente se diferencia a si mesmo, e também periodicamente torna a trazer o diferenciado para dentro de si mesmo.

A primeira diferenciação – falando metafisicamente com relação ao tempo – é o Espírito, com o qual aparecem a Matéria e a Mente. *Akasha* é o produto da Matéria e do Espírito; a Vontade ou fenômeno da Vontade é a força do Espírito em ação, e a Vida é o resultante da ação do *Akasha* impulsionado pelo Espírito da Matéria.

Porém, a Matéria aqui aludida não é a mesma que vulgarmente se conhece sob esse nome; trata-se da Matéria real, que é sempre invisível e chamada às vezes de Matéria Primordial. No sistema *Bhramânico*, é denominada *Mūlaprakriti*. O ensinamento antigo manteve sempre – como é hoje admitido pela Ciência – que nós apenas percebemos o fenômeno, mas não a essencial natureza, corpo, ou ser da matéria.

A Mente é a parte inteligente do Cosmos, e no conjunto das sete diferenciações superficialmente delineadas anteriormente, a Mente é aquilo no qual o Plano do Cosmos está contido ou fixado. Este plano provém de um período anterior de manifestação, o qual incrementou a sempre crescente perfeição, e nenhum limite pode ser fixado a suas possibilidades evolutivas de perfeição, porque as manifestações periódicas do Absoluto jamais tiveram um começo e nunca terão um fim, mas continuarão a surgir e a se recolher no seio do Desconhecido.

Onde quer que um mundo ou um sistema de mundos esteja evoluindo, nesse ponto o plano foi traçado na mente universal; a força original vem do espírito; a base é a matéria, a qual é de fato invisível; a vida sustenta todas as formas que requeiram vida e o *Akasha* é o laço que conecta a matéria de um lado, e o espírito-mente do outro.

Quando um mundo ou um sistema de mundos chega ao final de certos grandes ciclos, registra-se um cataclismo na história ou na tradição. Essas tradições existem em abundância entre os judeus, com seu dilúvio; entre os babilônios, com seus inundamentos; entre os egípcios, com seus papiros; na cosmologia hindu; e nenhuma delas é uma mera confirmação da tradição judaica, mas todas indicam um ensinamento antigo, como também a tênue reminiscência das destruições e renovações periódicas. A história hebraica não é senão um pequeno fragmento desprendido do pavimento do Templo da Verdade. Assim como periodicamente há cataclismos menores, ou destruições parciais, dessa maneira, a doutrina afirma que também existem a evolução e a involução universais. O Grande Alento surge e retorna eternamente. Quando ele dirige-se para o exterior, coisas, mundos e homens aparecem; quando se retira, tudo desaparece dentro da fonte original.

Estes são a vigília e o sono do Grande Ser, o Dia e a Noite de *Brahmā*; o protótipo de nossos dias de vigília e noites de sono como humanos; de nosso desaparecimento da cena ao final de uma curta vida humana, e nosso retorno para empreender novamente o trabalho que ficou inconcluso, numa nova vida e num novo dia.

A verdadeira idade do mundo tem estado envolta em dúvidas por muito tempo para os investigadores ocidentais, que até o presente têm mostrado uma singular renitência a seguir indicações dos anais do mundo oriental, que é mais velho que o mundo ocidental. Entretanto, os orientais sabem a verdade sobre o assunto. É admitido que a civilização egípcia floresceu há muitos séculos, e posto que não existem escolas egípcias de ensinamento antigo para ofender o orgulho moderno, e talvez porque os judeus "saíram do Egito" para impor sobre o progresso moderno uma tradição mosaica mal compreendida, as inscrições esculpidas nas pedras e escritas sobre papiros obtêm um pouco mais de crédito hoje do que o pensamento vivo e os registros dos hindus. Porque estes últimos ainda vivem entre nós e não seria possível admitir que uma raça pobre e conquistada possuísse conhecimentos com relação à idade do homem e do mundo, que a fina flor dos homens cultivados, guerreiros e conquistadores do Ocidente ignoram por completo.

Desde que os monges ignorantes e os teólogos da Ásia Menor e da Europa conseguiram impor a narração mosaica da origem da Terra e do homem sobre a surgente evolução ocidental, os mais sábios de nossos homens de ciência têm permanecido atemorizados frente aos anos que transcorreram desde Adão, ou têm sido deformados em seu pensamento e percepção cada vez que têm voltado seus olhos para qualquer outra cronologia diferente da de algumas tribos dos filhos de Jacó. Mesmo a nobre, antiga e silenciosa pirâmide de Gizé, vigiada pela Esfinge e pelo Memnon de pedra, tem sido degradada por Piazzi-Smyth e outros, numa prova de que a polegada inglesa deve prevalecer, e que o "Domingo Continental" transgride as leis do Supremo. No entanto, na narração mosaica, onde se esperaria encontrar uma referência à tal prova como a da pirâmide, não podemos achar nenhum indício dela, mas somente um registro da construção de um templo, pelo Rei Salomão, acerca do qual não tem havido qualquer vestígio.

Mas o teósofo sabe por que a tradição hebraica chegou a ser assim um aparente atraso na mente do Ocidente; ele conhece a relação entre o judeu e o egípcio, o que é e o que será a ressurreição dos antigos construtores da pirâmide do Vale do Nilo, e onde os planos desses antigos mestres construtores foram escondidos dos olhos profanos, até que o retorno do ciclo permita seu reaparecimento.

Os judeus conservaram apenas uma parte da sabedoria do Egito, oculta sob a letra dos livros de Moisés, e ali se encontra ainda hoje, no que eles chamam a interpretação cabalística ou oculta das Escrituras. Porém as almas egípcias que colaboraram no planejamento da pirâmide de Gizé, que tomaram parte no governo egípcio, em sua teologia, sua ciência e sua civilização, abandonaram sua antiga raça; essa raça se extinguiu e os antigos egípcios continuaram sua tarefa nas surgentes raças do Ocidente, especialmente naquelas que estão agora repovoando o continente americano. Quando o Egito e a Índia eram mais jovens, havia um constante intercâmbio entre eles. Na opinião do teósofo, ambas as nações pensavam similarmente, porém o destino ditou que, das duas, apenas os hindus deviam conservar as antigas ideias entre os seres vivos. Portanto, tomarei dos anais *Bhramânicos* do Industão a doutrina acerca dos dias, das noites e dos anos da vida de *Brahmā*, que representa o Universo e os mundos.

Esta doutrina de imediato abalou a interpretação dada à tradição mosaica há tão longo tempo, mas concorda plenamente com a narração evidente no Gênesis de outras e prévias "criações", assim como com a interpretação cabalística do versículo no Velho Testamento sobre os Reis de Edom, que aí representam períodos prévios de evolução, anteriores ao que começou com Adão, e também coincidem com a crença sustentada por alguns dos antigos padres cristãos, que informaram a seus irmãos acerca de maravilhosos mundos e criações anteriores.

Se diz que o Dia de *Brahmā* dura mil anos e que sua Noite é de igual duração. Na Bíblia cristã há um verso que diz que: "Um dia é para o Senhor como mil anos, e mil anos, como um dia". Esta afirmação tem sido usada geralmente para glorificar o poderio de Jeová, mas tem uma semelhança suspeita com a mais antiga doutrina sobre a duração do dia e da noite de *Brahmā*. Isso seria de maior valor se fosse interpretado como uma declaração relativa ao surgimento periódico dos grandes Dias e Noites, de igual duração, do Universo de mundos manifestados.

Um dia dos mortais se calcula pelo Sol e consta apenas de doze horas de duração. Em Mercúrio seria diferente, e em Saturno ou Urano demoraria ainda mais. Entretanto, um dia de *Brahmā* compõe-se do que tem sido denominado *Manvantara* – ou período entre duas humanidades –, catorze em número. Esses Manvantaras compreendem quatro bilhões e trezentos e vinte milhões de anos solares ou terrestres e equivalem a um dia de *Brahmā*.

Quando se inaugura este dia, a evolução cósmica, no que diz respeito a este Sistema Solar, começa e leva de um a dois bilhões de anos para desenvolver a etérea matéria primordial, antes que os reinos astrais do mineral, vegetal, animal e humano sejam possíveis. Este segundo intervalo toma uns trezentos milhões de anos e, ainda então, procedimentos mais materiais seguem em frente até efetuar a produção dos reinos tangíveis da Natureza, incluindo o homem. Isso abarca mais de um bilhão e meio de anos. E o número de anos solares incluídos no presente período "humano" é de mais de dezoito milhões.

Isso é precisamente o que Herbert Spencer designa como o surgimento gradual do conhecido e heterogêneo a partir do desconhecido e homogêneo. Porque os antigos filósofos egípcios e teósofos hinduístas nunca admitiram uma criação que tenha surgido do nada, mas energicamente insistiram sempre no fato da evolução por etapas graduais, do heterogêneo e do diferenciado sempre procedente do homogêneo e do não diferenciado. Nenhuma mente pode compreender o que é o Desconhecido, Infinito e Absoluto; isto é, que não tem começo e que não terá fim; que é ao mesmo tempo o último e o primeiro, porque, quer diferenciado ou reabsorvido em Si mesmo, Ele sempre É. Este é o Deus à que se refere a Bíblia cristã, Aquele cuja morada é cercada por escuridão

Esta cronologia cósmica e humana dos hindus é ridicularizada pelos orientalistas ocidentais, embora eles não possam oferecer nada melhor e continuamente, estão em desacordo sobre este mesmo tema. Na tradução literária do *Vishnu Purāna*, Wilson o qualifica de ficção sem fundamento, e de ostentação infantil. Porém, os franco-maçons, ainda que inativos sobre este assunto, deveriam saber algo mais sobre isso. Eles poderiam encontrar na história da construção do templo de Salomão, com materiais heterogêneos trazidos de todas as partes, e em sua construção sem que se ouvisse o ruído de uma ferramenta, um acordo com essas ideias de seus irmãos egípcios e hindus, pois o Templo de Salomão simboliza o homem, cuja estrutura é construída, aperfeiçoada e decorada em silêncio e sem que se faça o menor ruído, porém os materiais tiveram que ser encontrados, acumulados e moldados em lugares diversos e distantes. Estes são os períodos aos quais nos referimos anteriormente, muito distantes e silenciosos. O homem não podia ter seu templo corporal para residir, até que toda a matéria em seu mundo e ao seu redor tivesse sido encontrada pelo Mestre, que é o homem interno; e quando essa matéria foi encontrada, os planos para construir o templo precisaram ser elaborados, tendo depois que ser levados a cabo com minuciosos detalhes, até que todas as partes estivessem perfeitamente disponíveis e ajustadas para incorporá-las à estrutura final.

Assim, no vasto intervalo de tempo que começou depois que a primeira quase intangível matéria havia sido recoletada e amassada, os reinos mineral e vegetal tomaram posse absoluta de sua Terra aqui com o Mestre – o homem – do qual a visão interior estava oculta e levou adiante os planos para a fundação do templo humano. Tudo isso requer muitíssimas idades, já que sabemos que a Natureza jamais dá saltos. Depois que o trabalho rudimentar foi terminado e o templo humano erigido, muitas outras idades seriam necessárias para que os servidores, sacerdotes e conselheiros aprendessem perfeitamente suas funções, com o fim de que o homem, o Mestre, pudesse ser capaz de usar o templo para seus melhores e mais elevados propósitos.

A doutrina antiga é muito mais nobre que a doutrina religiosa cristã, ou a da escola puramente científica. Os religiosos oferecem uma teoria que está em conflito com a razão e os fatos, enquanto que a ciência não pode dar aos fatos que observa nenhuma razão nobre ou enaltecedora. Só a Teosofia, englobando todos os sistemas e todas as experiências, dá a chave, o plano, a doutrina e a verdade.

A Teosofia afirma que a idade verídica do mundo é quase incalculável, e que a do Homem, em seu desenvolvimento atual, é de mais de dezoito milhões de anos. Todavia, o que ao final converteu-se no homem é de uma idade vastamente maior, porque antes da aparição dos dois sexos, tais como existem atualmente, a criatura humana tinha algumas vezes uma forma e outras vezes outra, até que o plano inteiro, completamente elaborado, produziu nossa presente forma, função e capacidade. Sobre isso se encontra uma referência nos antigos livros escritos para o profano, onde se diz que o homem teve uma forma globular em determinada época. Isto ocorreu num tempo em que as condições favoreciam tal forma e, naturalmente, isso há mais de dezoito milhões de anos. Quando esta forma globular era a norma, os sexos (tal como os conhecemos) não se haviam diferenciado ainda e assim não havia senão um único sexo, ou se se preferir, nenhum sexo.

Durante todas estas épocas, antes que o homem viesse a ser o que é, a evolução ia levando a cabo o trabalho de aperfeiçoar diversos poderes ou faculdades que hoje estão em nossa posse. Isto foi realizado pelo Ego ou o homem real, passando através de diversas condições de matéria, todas diferentes umas das outras, e o mesmo plano geral era e é seguido segundo prevalece em relação à evolução geral do Universo, à qual se fez alusão anteriormente. Isto quer dizer que os detalhes foram primeiramente elaborados em esferas de existência muito etéreas, em realidade *metafísicas*.

O passo seguinte consistiu em trazer estes mesmos detalhes para serem elaborados num plano de matéria um pouco mais denso, até que por último se pôde efetuar, em nosso plano atual, o que chamamos impropriamente de matéria bruta.

Nesses estados anteriores, os sentidos existiam mais propriamente em gérmen ou em ideia, até que o Plano Astral, que é o mais próximo de nosso plano, foi alcançado, e então os sentidos se concentraram até converter-se nos sentidos atuais, que empregamos agora por meio dos diferentes órgãos externos. Estes órgãos exteriores da visão, do tato, da audição e do paladar são, com muita frequência, erroneamente tomados pelo iletrados e desatentos como os órgãos reais e sentidos; porém, aquele que se detiver e pensar, terá que reconhecer que os órgãos exteriores não são senão os intermediários entre o universo visível e o verdadeiro percebedor interior.

Todos estes diversos poderes e potencialidades, ao serem finalmente elaborados neste lento mas infalível processo, por fim introduzem na cena o homem como um ser setenário, assim como também o Universo e a própria Terra são setenários. Cada um dos sete princípios do homem deriva de uma das sete grandes divisões originais, e cada um se relaciona com um planeta ou cena de evolução, e com uma raça na qual essa evolução foi desenvolvida. Assim, é importante que a primeira diferenciação setenária se tenha presente, posto que esta é a base de tudo o que segue. Assim como a evolução universal é setenária, a evolução da humanidade é setenária em sua constituição e desenvolvida sobre uma Terra também setenária. Na literatura teosófica, isso é denominado de Cadeia Planetária Sétupla, e está intimamente conectada com a evolução particular do homem.

CAPÍTULO 3

A CADEIA TERRESTRE

Referindo-nos agora à nossa Terra, o panorama apresentado pela Teosofia acerca de sua gênese, sua evolução e a evolução das Mônadas humanas, animais e outras, é bem diferente das ideias modernas, e em certas coisas, contrário às teorias que prevalecem. Mas as teorias de hoje não são estáveis. Elas vão mudando com cada século, enquanto que a teosófica não é alterada, porque na opinião desses Irmãos Mais Velhos, que a têm promulgado de novo e indicado sua verificação nos textos antigos, a Teosofia não é senão uma exposição de fatos na Natureza. A teoria moderna é, pelo contrário, sempre especulativa, cambiante e constantemente modificada.

Continuando o plano geral traçado nas páginas anteriores, a Terra é setenária. Ela é uma entidade e não uma simples massa de matéria bruta. E sendo uma entidade de uma natureza setenária, devem existir outros seis globos que giram com ela no espaço. Este grupo de sete globos tem sido denominado a "Cadeia Terrestre", a "Cadeia Planetária". Na obra *Esoteric Buddhism,* isso está claramente expresso; todavia, nesse livro, se dá uma interpretação mais materialista, que leva o leitor a pensar que a doutrina fala de sete globos distintos, todos separados, ainda que conectados uns com os outros. A pessoa se vê forçada a concluir que o autor quis dizer que o globo Terra é distinto dos outros seis como Vênus é de Marte.

Esta não é a doutrina. A Terra é um dos sete globos com relação somente à consciência do homem, porque quando o homem funciona em um dos sete, ele o percebe como um globo distinto, sem chegar a ver os outros seis. Isso... está em perfeita correspondência com o próprio homem, que possui outros seis constituintes, dos quais somente o corpo físico é visível, porque se encontra agora funcionando sobre a Terra, ou seja, o quarto globo, e seu corpo representa a Terra.

Os sete "globos" constituem uma só massa ou um grande globo e todos eles se interpenetram uns aos outros; e temos que dizer "globo", porque a forma última é globular ou esférica. Se se confia cegamente na interpretação dada pelo Sr. Sinnett, então se poderia supor que os globos não se interpenetram entre si, mas estão enlaçados por correntes ou linhas de força magnética. Também, se se presta demasiada atenção aos diagramas usados em *A Doutrina Secreta,* Vol I, para ilustrar o sistema, sem prestar a devida atenção às explicações e precauções dadas por H. P. Blavatsky, pode incorrer-se no mesmo erro. Porém, tanto ela como seus instrutores Adeptos têm dito que os sete globos de nossa cadeia estão em "coadunação entre si, mas não em consubstancialidade".[5] Ade-

[5] BLAVATSKY, H.P., A *Doutrina Secreta,* Vol. 1.

mais, isso é reiterado por precauções de não confiar em estatísticas ou diagramas superficiais, mas antes contemplar o aspecto metafísico e espiritual da teoria segundo tem sido expressada em inglês. Assim, da mesma fonte de onde provém o livro do senhor Sinnett, temos a afirmação de que estes globos estão unidos numa única massa, ainda que difiram uns dos outros em substância, e que essa diferença de substância se deve a uma mudança do centro de consciência.

A Cadeia Terrestre de sete globos, segundo foi explicado, é a reencarnação direta de uma Cadeia anterior de sete globos, e essa família anterior de sete globos foi a Cadeia Lunar, sendo a própria Lua o representante visível do quarto globo da velha cadeia. Quando essa vasta entidade anterior composta da Lua e de outros seis globos mais, todos unidos numa massa, chegaram ao limite final de sua vida, esta cadeia lunar morreu, assim como morreram todos os seres. Cada um dos sete globos lançou suas energias ao espaço, dando uma vida ou vibração similar à poeira cósmica – matéria – e a força coesiva do conjunto total manteve ligadas as sete energias. Isso resultou no desenvolvimento da atual Cadeia Terrestre, composta de sete centros de energia ou de evolução, combinados numa única massa. Como a Lua foi o quarto globo – físico – da série antiga, encontra-se no mesmo plano de percepção que a Terra, e como estamos agora confinados em nossa consciência principalmente à Terra, não podemos ver senão unicamente um dos sete globos anteriores, ou seja, nossa Lua. Ao funcionar em qualquer de nossos sete globos, veremos em nosso céu o correspondente velho cadáver o qual será uma Lua, mas não estaremos vendo a Lua atual. Vênus, Marte. Mercúrio e os outros planetas visíveis são todos globos do quarto plano de distintas massas planetárias, e por essa razão são visíveis a nossos olhos, enquanto que os outros seis centros de energia e de consciência são invisíveis. Todos os diagramas somente obscurecerão a teoria, porque infelizmente um diagrama necessita de divisões lineares.

A corrente ou massa de Egos que evolui sobre os sete globos de nossa cadeia é limitada em número; entretanto, a quantidade é enorme, porque embora o Universo seja ilimitado e infinito, mesmo assim, em qualquer porção particular do Cosmos, onde a manifestação e a evolução tenham começado, há um limite para a extensão da manifestação e para o número de Egos comprometidos na mesma. E o número total de Mônadas que agora marcham através da evolução, em nossa Cadeia Terrestre, veio dos sete planetas ou globos antigos que já descrevi.

No livro *Esoteric Bhuddism,* esta massa de Egos é denominada de una "onda de vida", que significa a corrente de Mônadas. Esses Egos alcançaram esta massa planetária, representada à nossa percepção pelo foco central: nossa Terra, e começou sua evolução pelo Globo A ou Nº 1, descendo como um exército ou um rio. O primeiro contingente começou sobre o Globo A e passou ali através de uma longa evolução, com corpos apropriados a tal estado de matéria; então passou ao Globo B, e assim sucessivamente, através de todos os sete grandes estados de consciência aos quais se chamaram globos. Quando o primeiro contingente deixou o Globo A, outros prosseguiram e seguiram o mesmo curso, avançando o exército inteiro com regularidade ao longo da rota setenária.

Esta jornada prosseguiu durante quatro revoluções ao redor do todo; então o contingente completo ou corrente de Egos havia chegado da antiga Cadeia Lunar, e estando já completa, nenhum Ego mais pôde entrar depois da metade da Quarta Ronda. O mesmo processo circular dessas classes, que chegaram em tempos diferentes, continuam até completarem sete Rondas através dos sete centros planetários de consciência; quando as sete tiverem terminado, terá sido adquirida tanta perfeição como a que é possível nesse imenso período de evolução, e então esta Cadeia ou massa setenária de "globos" morrerá em sua oportunidade para dar nascimento a outras séries de Cadeias.

Cada um destes globos é usado pela lei evolutiva para o desenvolvimento de Seta Raças e dos sentidos, das faculdades e dos poderes próprios a esse estado de matéria: a experiência dos sete globos é necessária para alcançar um desenvolvimento perfeito. Esta é a razão pela qual temos as Rondas e as Raças. A Ronda é um trajeto através dos sete centros de consciência planetária; a Raça é o desenvolvimento racial em um daqueles sete. Há sete raças para cada globo, mas finalmente o total de 49 raças só somam sete Grandes Raças. O particular setenato de raças sobre cada globo ou centro planetário forma, em realidade, uma raça de sete constituintes ou peculiaridades especiais quanto a faculdades e poderes.

E como nenhuma raça completa poderia evoluir num instante sobre nenhum dos globos, os lentos e ordenados processos da Natureza, que não permitem saltos, devem continuar por meios apropriados. Assim, as sub-raças têm que ser desenvolvidas uma após a outra antes que a Raça-raiz perfeita seja formada, e então essa Raça-raiz projeta suas ramificações enquanto está no processo de declínio, preparando-se para o advento da futura grande raça.

Para ilustrar esta tese se tem ensinado claramente que nestas Américas evoluirá a nova raça – a sexta; e aqui todas as raças da Terra estão atualmente ocupadas num grande processo de amalgamação, do qual resultará uma sub-raça altamente desenvolvida, depois da qual outras raças serão desenvolvidas por processos similares, até que a nova raça esteja completa.

Entre o fim de uma grande raça e o começo de outra há um período de repouso no que concerne ao globo, porque então a corrente de Egos humanos parte para outro globo da cadeia, com o fim de seguir adiante com a evolução de outros poderes e de outras faculdades. Porém, quando a última, a Sétima Raça tiver aparecido e se aperfeiçoado plenamente, uma grande dissolução sobrevirá, similar à que descrevi brevemente, como a que antecedeu ao nascimento da Cadeia Terrestre, e então o mundo desaparece como uma coisa tangível, e, no que diz respeito ao ouvido humano, reina ali apenas o silêncio. É dito que isto é a origem da crença tão comum de que o mundo chegará a um final, que também haverá o dia do juízo, ou que tem havido dilúvios ou conflagrações universais.

Ao considerar a evolução na Terra, se tem dito que a corrente de Mônadas começa primeiramente a trabalhar ou laborar a massa total de matéria que se encontra no chamado estado elemental, quando tudo é gasoso ou ígneo; porque a antiga e verdadeira teoria é que nenhuma evolução é possível sem a Mônada como agente vivificador. Nesta primeira etapa, não existe ainda nem o animal nem o vegetal. Então aparece o mineral, quando a massa completa endurece, sendo as Mônadas aprisionadas dentro da mesma. Logo, as primeiras Mônadas emergem dentro da forma vegetal, que elas mesmas constroem. O reino animal ainda não apareceu. Depois, a primeira classe de Mônadas emerge do vegetal e produz o animal, em seguida o modelo humano, astral e indefinido, e já então temos os minerais, os vegetais, os animais e os futuros homens, pois a segunda e subsequentes classes estão ainda se desenvolvendo nos reinos inferiores. Quando chega a metade da Quarta Ronda, não emergem mais Mônadas no cenário humano, nem emergirão mais até que uma nova massa planetária, reencarnada da nossa, seja formada. Este é o processo completo superficialmente exposto, excluindo muitos detalhes, já que numa das Rondas o homem aparece antes que os animais. Porém, este detalhe não deve nos levar a nenhuma confusão.

Dizendo em outras palavras, o plano aparece primeiramente na mente universal, após o qual o modelo ou base astral é formado, e quando esse modelo astral está completo, o processo inteiro se repete com o objetivo de condensar a matéria até a metade da Quarta Ronda. Subsequente a isso, o que será nosso futuro, a massa inteira se espiritualiza, dotada de plena consciência, e todo o grupo de globos é elevado a um plano superior de desenvolvimento. No processo de condensação anteriormente citado, há uma mudança com relação ao momento do aparecimento do homem sobre o planeta. Porém, sobre estes detalhes, os Mestres têm dito apenas "que na Segunda Ronda o plano varia, mas que a variação não será dada a conhecer a esta geração". Portanto, me é possível dá-la, mas não existe ambiguidade sobre o fato de que sete grandes raças têm que se desenvolver aqui sobre este planeta, e que a coleção inteira das raças tem que percorrer sete vezes ao redor da série completa dos sete globos.

Os seres humanos não apareceram primeiramente sobre a Terra separados em dois sexos. Os primeiros foram assexuais; depois foram transformados em hermafroditas e finalmente se separaram em macho e fêmea. Esta separação dos seres humanos em feminino e masculino teve lugar há mais de dezoito milhões de anos. Por essa razão, nas antigas escolas, foi atribuída à nossa humanidade a idade de um pouco mais de dezoito milhões de anos.

CAPÍTULO 4

A CONSTITUIÇÃO SETENÁRIA DO HOMEM

Com relação à natureza do homem, encontramos duas ideias prevalecentes nos círculos religiosos cristãos: uma é o ensinamento, e a outra é sua aceitação comum. A primeira não é certamente nenhum segredo dentro da Igreja, mas é tão raramente divulgada aos laicos que parece ser quase um mistério para as pessoas comuns.

Quase todo mundo diz que tem uma alma e um corpo, parando por aí. O que a alma é, e se esta é ou não a pessoa verdadeira, ou se tem poderes próprios, não é algo que se investiga; os pregadores geralmente se limitam a tratar sobre sua salvação ou condenação. E ao falarem assim da alma, como se fosse uma coisa diferente delas, as pessoas têm adquirido uma ideia subjacente de que não são almas, já que podem perder tal alma. Disso tem advindo uma tendência para o materialismo, fazendo com que as pessoas prestem maior atenção ao corpo que à alma, sendo esta última abandonada à terna misericórdia dos sacerdotes católicos romanos; e entre os dissidentes, o cuidado da alma é muito frequentemente retardado até o dia da morte. Porém, quando o verdadeiro ensinamento é compreendido, pode-se ver que o cuidado da alma, que é o Eu[6], é um assunto vital, que requer atenção dia após dia, e que não pode ser retardado sem causar um penoso dano ao homem completo: corpo e alma.

O ensinamento cristão, sustentado por São Paulo, posto que nele repousa de fato o Cristianismo dogmático, é que o homem é composto de corpo, alma e espírito. Esta é a constituição trina do homem na qual creem os teólogos, mas profundamente ocultada, pois sua investigação poderia resultar na readoção de pontos de vista considerados como ortodoxos no passado, mas que agora são heréticos. Porque quando colocamos a alma entre o espírito e o corpo, estamos muito próximos à necessidade de examinar a questão da responsabilidade dessa alma, já que o próprio corpo não pode ter nenhuma responsabilidade. E com o fim de tornar a alma responsável pelos atos cometidos, devemos assumir que a alma possui poderes e nas faculdades. A partir disso, é fácil tomar a atitude de que a alma pode ser racional ou irracional, assim como pensaram os gregos algumas vezes, e aí já estaremos apenas a um passo das proposições teosóficas.

Esta concepção tríplice da natureza do homem contém, de fato, o ensinamento teosófico da constituição setenária, porque as outras quatro divisões que faltam na classificação podem ser encontradas nos poderes e nas faculdades do corpo e da alma, segundo procurarei demonstrar mais adiante. Esta convicção de que o homem é de constituição se-

[6] *Self*, no original em inglês. (N.E.)

tenária e não simplesmente um díade, foi sustentada desde há muito tempo e claramente ensinada a cada indivíduo no passado com as correspondentes demonstrações; porém, assim como outros princípios filosóficos, esta convicção se perdeu de vista, pois foi gradualmente retirada na época em que a moral se degenerava na Europa Oriental e antes que o materialismo tivesse adquirido completo domínio juntamente com o ceticismo, seu irmão gêmeo. Com a sua retirada, o presente dogma de corpo, alma e espírito foi deixado à Cristandade. A razão de tal encobrimento e de seu rejuvenescimento neste século está muito bem expressa pela Madame H. P. Blavatsky em sua *A Doutrina Secreta*. Em resposta à declaração "não podemos compreender como o menor perigo poderia surgir da revelação de uma doutrina tão puramente filosófica como a da evolução da cadeia planetária", ela diz:

> "O perigo era este: tais doutrinas, como a da cadeia planetária e das sete raças, de imediato dão uma pista da natureza setenária do homem, porque cada princípio está correlacionado com um plano, um planeta e uma raça, e os princípios humanos estão em cada plano em correlação com as sétuplas forças ocultas; essas forças dos Planos Superiores possuem um poder oculto formidável, o abuso disso causaria males incalculáveis à humanidade. Esta é uma pista que talvez não seja tomada como tal pela geração atual, especialmente os ocidentais, protegidos como estão por sua própria cegueira, sua incredulidade ignorante e descrença materialista em relação ao oculto. Mas uma pista que não obstante se-

ria muito verídica nos primeiros séculos da era cristã, para povos plenamente convencidos da realidade do Ocultismo e entrando num ciclo de degradação que os preparava para o abuso dos poderes ocultos, e uma feitiçaria da pior descrição."

O senhor A. P. Sinnett, numa época funcionário do governo da Índia [7], foi o primeiro a esboçar, neste período, a verdadeira natureza e constituição do homem em seu livro *Esoteric Buddhism*, o qual foi recopilado de informações transmitidas a ele por H. P. Blavatsky, diretamente da Grande Loja dos Iniciados, à qual já foi feita referência. E assim, ao apresentar a antiga doutrina para a civilização ocidental, ele conferiu um grande benefício à sua geração e ajudou consideravelmente a causa da Teosofia. Sua classificação foi a seguinte:

1) Corpo Físico, ou	*Rūpa*
2) Vitalidade, ou	*Prāna-Jīva*
3) Corpo Astral, ou	*Linga-Sharīra*
4) Alma Animal, ou	*Kāma-Rūpa*
5) Alma Humana, ou	*Manas*
6) Alma Espiritual, ou	*Buddhi*
7) Espírito, ou	*Ātmā*

[7] O Sr. A. P. Sinnett foi o editor do Pionner Allahabad, órgão oficial do Governo da Índia. (N.T.)

As palavras no idioma sânscrito são equivalentes aos termos adotados em inglês por ele. Esta classificação continua de pé em nossos dias para todos os usos práticos, mas é susceptível de modificação e extensão. Por exemplo, uma modificação ulterior, que coloca o corpo astral em segundo lugar em vez do terceiro, não altera substancialmente a classificação. Esta classificação dá imediatamente uma ideia do que é o homem, bem diferente da vaga descrição expressada com as palavras "corpo e alma", e também desafia audazmente o conceito materialista de que a mente é o produto do cérebro, ou seja, uma parte do corpo. Não se tem a pretensão de que estes princípios fossem desconhecidos até agora, porque têm sido conhecidos de diferentes maneiras, não somente pelos hindus como também por muitos europeus; entretanto, a simples apresentação da constituição sétupla do homem, em combinação íntima com a constituição setenária de uma cadeia de globos através da qual o ser evolui, não havia sido dada.

O abade francês, Eliphas Levi, escreveu sobre o reino astral e o corpo astral, mas evidentemente não tinha conhecimentos do resto da doutrina, e mesmo quando os hindus possuíam os outros termos em seu idioma e filosofia, não usavam uma classificação setenária, mas dependiam primordialmente de uma classificação quádrupla e sem dúvida ocultavam (se é que tinham conhecimento disso) a doutrina acerca de uma cadeia de sete globos, incluindo a Terra. Por certo, um hindu erudito, Subba Row, já falecido, afirmava que eles sabiam de uma classificação setenária, mas que tal classificação não havia sido nem seria divulgada.

Considerando estes constituintes do homem de outro ponto de vista, diríamos que o homem inferior é um ser composto, mas em sua natureza real é uma unidade, ou um ser imortal, incluindo uma trindade composta de Espírito, Discernimento e Mente, a qual requer quatro instrumentos inferiores e mortais para poder trabalhar na matéria e obter a experiência que a Natureza confere.

A esta Trindade se denomina *Ātmā-Buddhi--Manas* no idioma sânscrito, termos difíceis de traduzir ao inglês/português.

Ātmā é o Espírito; *Buddhi* é o poder mais elevado do intelecto, aquilo que discerne e julga; *Manas* é a Mente. Esta tríplice combinação é o homem real, e, sem dúvida alguma, esta doutrina é a origem do ensinamento teológico acerca da Trindade do Pai, do Filho e do Espírito Santo. Os quatro instrumentos ou veículos inferiores se esboçam do seguinte modo:

Ātmā *Buddhi* *Manas*	{ Paixões e Desejos Princípio Vital Corpo Astral Corpo Físico

Esses quatro componentes inferiores e materiais são transitórios e por sua natureza estão sujeitos, em si mesmos, a ser desintegrados, assim como também a separar-se uns dos outros. Quando chega a hora de começar sua separação, a combinação dos quatro não pode manter-se por mais tempo, o corpo físico morre, os átomos que compõem cada um dos quatro começam a separar-se uns dos outros, e a combinação completa, ao ser desarticulada, já não é capaz de servir de instrumento ao homem real. Isto é o que entre nós, os mortais, se denomina "morte"; porém, não é morte para o homem real, porque este é imperecível, persistente, imortal. Ele é, por esta razão, chamado a Tríade ou a Trindade indestrutível, enquanto que os outros instrumentos são conhecidos como o Quaternário, ou os Quatro Mortais.

Esse Quaternário ou homem inferior é um produto da substância e das leis cósmica ou física, e tem sido desenvolvido durante o transcurso das idades, partindo da substância cósmica, assim como qualquer outro objeto físico, e por conseguinte está sujeito às leis físicas, fisiológicas e psíquicas que governam o conjunto da raça humana. Portanto, seu possível período de duração pode ser calculado do mesmo modo como um engenheiro pode calcular o esforço de tensão dos metais usados na construção de pontes. Qualquer agregado na forma humana, integrada por estes componentes, está assim limitado em duração pelas leis do período evolutivo durante o qual existem. Atualmente, é em geral de uns 75 anos a 100 anos, mas é possível que sua duração seja mais longa. Dessa forma, na história há casos de pessoas comuns que viveram até a idade de 200 anos; e por meio de um conhecimento das leis ocultas da Natureza, o limite possível de duração pode ser estendido a 400 anos aproximadamente.

O homem físico visível se compõe de:	Cérebro Nervos Sangue Ossos Linfa Músculos Órgãos de Sensação e Ação Pele

O homem físico invisível se compõe de:	Corpo Astral, Paixões e desejos, Princípio Vital (chamado *Prāna* ou *Jīva*)

Poderá ver-se que a parte física de nossa natureza estende-se a uma segunda divisão, que embora invisível aos olhos externos, é, no entanto, material e está sujeita à desintegração. Porque as pessoas em geral se acostumaram a admitir como real somente o que elas podem ver com os olhos físicos, chegaram por fim a supor que o invisível não é nem real nem material. Mas esquecem-se de que mesmo sobre o Plano Terrestre há gases nocivos que são invisíveis, ainda que reais e poderosamente materiais, ou de que a água pode existir em forma invisível suspensa no ar, até que as condições atmosféricas se alterem e causem sua precipitação.

Recapitulemos, pois, antes de entrar em detalhes. O *Homem Real* é a Trindade de *Ātmā-Buddhi-Manas*, ou Espírito, Alma e Mente, e emprega certos agentes e instrumentos para pôr-se em contato com a Natureza, a fim de conhecer a si mesmo. Estes instrumentos e estes agentes encontram-se nos Quatro componentes inferiores, ou Quaternário. Cada um dos princípios é em si mesmo um centro de percepção para a particular experiência que corresponde a seu próprio campo de ação, sendo o corpo físico o mais inferior, o menos importante e o mais transitório de toda a série. Porque quando chegamos ao corpo, procedendo da Mente Superior, pode demonstrar-se que os órgãos daquele, privados do homem interior, são em si mesmos insensíveis e inúteis. A visão, a audição, o tato, o paladar e o olfato não pertencem ao corpo, mas ao segundo e invisível homem físico. Os verdadeiros órgãos que servem para o exercício dessas faculdades encontram-se no corpo astral, e esses órgãos no corpo físico não são senão os instrumentos mecânicos exteriores de coordenação entre a Natureza e os verdadeiros órgãos interiores.

CAPÍTULO 5

CORPO FÍSICO E CORPO ASTRAL

O corpo, considerado como um conjunto de carne, ossos, músculos, nervos, substância cerebral, bílis, mucoses, sangue e pele, é objeto de um cuidado exclusivo para um excessivo número de pessoas, que fazem dele um deus porque se identificam com ele, referindo-se unicamente ao corpo, quando dizem "eu". Quando é abandonado, o corpo fica isento de sensação e em tal caso atua unicamente por ação reflexa e impulso automático. Observamos isso durante o sono, porque então o corpo assume atitudes e executa movimentos sem o consentimento do homem desperto. O corpo assemelha-se à nossa mãe Terra, no sentido de que está formada por um número de "vidas" infinitesimais. Cada uma destas vidas é um ponto de sensitividade. Não há ali tão somente micróbios, bacilos e bactérias, mas também estão compostas de outras vidas, e essas de outras ainda mais diminutas. Essas vidas não são as células do corpo, mas compõem tais células, mantendo-se sempre dentro dos limites determinados à célula pela evolução. Estas vidas estão sempre em rotação e movendo-se conjuntamente por todo o corpo, encontrando-se tanto em espaços aparentemente vazios, como também onde quer que haja carne, membranas, ossos e sangue. Estendem-se igualmente até uma distância determinada, além dos limites exteriores atuais do corpo.

Um dos mistérios da vida física está escondido nessas "vidas". Sua ação, impelida pela Energia Vital – denominada *Prāna* ou *Jīva* – explicará a existência ativa e a morte física. Essas vidas estão divididas em duas classes: uma, os destruidores, a outra, os preservadores, e essas duas lutam entre si desde o nascimento até o triunfo dos destruidores. Nesta luta, a própria Energia Vital põe fim ao combate, porque é a vida que mata. Isso pode parecer heterodoxo, mas na Filosofia Teosófica se lhe considera como um fato. Pois, segundo se diz, o bebê vive porque a combinação de seus órgãos perfeitamente saudáveis é capaz de absorver a vida em que está submerso e que o rodeia no espaço, e é levado a dormir toda noite pela avassaladora força da corrente de vida, já que os preservadores entre as células do corpo jovem não estão ainda dominados pelos destruidores. Estes processos do sono e da vigília são única e simplesmente o restabelecimento do equilíbrio durante o sono e a ação produzida pela perturbação dele quando desperto. Isso pode ser comparado com a luz do arco elétrico, em que o arco radiante de luz no ponto da resistência é o símbolo do homem desperto e em vigília. Assim, no sono continuamos absorvendo e não resistindo à Energia Vital; quando estamos despertos estamos expelindo essa energia, mas existindo a Energia Vital ao nosso redor como um oceano no qual nadamos, nosso poder para expeli-la é necessariamente limitado. No momento em que despertamos estamos em equilíbrio no que toca a nossos órgãos e à vida; quando adormecemos estamos ainda mais cheios de vida do que estávamos ao despertar pela manhã; a Energia Vital nos esgotou; ela finalmente mata o corpo. Tal contenda não poderia ser sustentada para sempre, visto que o peso da vida de todo o Sistema Solar está em oposição direta ao poder de resistência concentrado numa pequena estrutura humana.

Os Mestres de Sabedoria consideram que o corpo é o mais transitório, impermanente e ilusório de toda a série de constituintes do homem. O corpo não permanece igual nem por um instante. Sempre mudando, em contínuo movimento por todas as partes, o corpo, embora tangível, não está nunca, em realidade, terminado ou concluído. Os antigos perceberam isso perfeitamente, porque elaboraram uma doutrina denominada *Nitya Pralaya*, ou a contínua mudança das coisas materiais, a contínua destruição. Isso é conhecido agora pela ciência em sua doutrina de que o corpo sofre uma completa alteração e renovação a cada sete anos. Ao concluir os primeiros sete anos, o corpo não é o mesmo que foi ao nascer. Ao final de nossos dias, o corpo mudou sete ou talvez mais vezes e, no entanto, apresenta a mesma aparência geral e fisionômica da maturidade até a morte. Este é um mistério que a ciência não pode explicar; é uma questão pertencente às células e aos meios pelos quais a forma humana em geral é preservada.

A "célula" é uma ilusão; não é senão uma mera palavra e não tem existência como uma coisa material, porque cada célula se compõe de outras células. O que é então uma célula? A célula é a forma ideal dentro da qual os atuais átomos físicos – formados de "vidas"– se organizam entre si. Já que se admitiu que as moléculas físicas estão constantemente abandonando o corpo, as mesmas hão de estar abandonando as células a cada instante. Portanto, não existe tal célula física, mas tão somente os limites privativos de uma célula, sua paredes e a forma geral ideal. As moléculas assumem sua posição dentro da forma ideal, de acordo com as leis da Natureza, e abandonam essa, por sua vez, quase imediatamente, para abrir campo a outros átomos. E como ocorre com o corpo, o mesmo acontece com a Terra e com o Sistema Solar. Isso também sucede com todos os objetos materiais, embora numa medida mais lenta. Eles estão todos em constante movimento e mudança. Esta é a sabedoria moderna e também a sabedoria antiga; e a explicação física da clarividência, a clariaudiência, a telepatia e a leitura do pensamento. Isso ajuda a demonstrar o quanto ilusório e insatisfatório é o nosso corpo.

Embora estritamente o corpo astral – chamado *Linga Sharīra,* em sânscrito, seja o segundo constituinte do homem, examinaremos a Energia Vital – *Prāna* e *Jīva,* em sânscrito – em conjunto com o corpo astral, porque, segundo nossa observação, o fenômeno da vida se mostra mais claramente em conexão com o corpo.

A vida não é o resultado do funcionamento dos órgãos, tampouco se vai quando o corpo se dissolve. A vida é um princípio universalmente espargido; é o oceano dentro do qual flutua a Terra, e igualmente interpenetra nosso globo e todos os seres e objetos que nele se encontram. A vida opera incessantemente sobre nós e ao nosso redor, pulsando junto a nós e através de nós eternamente. Quando ocupamos um corpo, empregamos simplesmente um instrumento mais especializado que qualquer outro para tratar com ambos, *Prāna* e *Jīva*. Estritamente falando, *Prāna* é alento, e já que o alento é necessário para a sustentação da vida no mecanismo humano, alento é a palavra mais aceitável. *Jīva* significa "vida" e também se aplica à alma vivente, porque a vida em geral se deriva da mesma Vida Suprema. *Jīva*, portanto, presta-se a uma aplicação geral, enquanto que *Prāna* é mais específico. Não se pode dizer que alguém possua uma quantidade determinada dessa energia vital, já que esta regressaria à sua fonte original se o corpo fosse incinerado, mas, antes, deveria se dizer que essa energia trabalha com qualquer que seja o volume de matéria nele. Nós, por assim dizer, secretamos ou usamos esta energia vital enquanto vivemos, porque, estejamos vivos ou mortos, a vida está sempre ali: durante a vida, entre nossos órgãos, mantendo-os; na morte, entre as inumeráveis criaturas que surgem de nossa destruição corporal. Seria para nós tão impossível desfazer-nos dessa energia vital, como seria erradicar o ar em que voa o pássaro, e, assim como o ar, ela também ocupa todos os espaços do planeta, de modo que em nenhuma parte podemos perder seu benefício e tampouco escapar de seu esmagador poder final. Porém, para atuar sobre o corpo físico, esta energia vital – *Prāna* – necessita de um veículo, um instrumento ou um condutor, e este veículo é o corpo astral.

Existem muitos nomes para designar o corpo astral; eis aqui alguns: *Linga Sharīra*, termo sânscrito que significa corpo-modelo, e que é provavelmente sua melhor definição; duplo etérico, fantasma, espectro, aparição, homem pessoal, alma irracional, alma animal, *Bhuta*, elemental, aparecido, diabo, demônio. Alguns destes títulos se aplicam somente ao corpo astral quando carece do corpo físico depois da morte. *Bhuta*, diabo e elemental são quase sinônimos; o primeiro é sânscrito. Os hindus designam por *Bhuta* o corpo astral quando, com a morte, é liberado do corpo e da mente, e por estar assim separado da consciência é como um diabo em sua concepção. Não estão muito equivocados, se abolirmos a antiga noção tradicional de que um diabo é um anjo caído do céu, porque este diabo corporal é uma coisa que emana da Terra.

Poderia-se objetar que o termo corpo astral não é apropriado para este propósito. Esta objeção surge em razão da natureza e da gênese da língua inglesa, uma vez que cresceu em uma luta com a Natureza e entre um povo comerciante, ainda não cunhou as palavras necessárias para designar o grande alcance das faculdades e órgãos do homem invisível. E como estes filósofos não admitiram a existência desses órgãos internos, não existem termos corretos na linguagem. Assim, procurando palavras para descrever o corpo interno, a única encontrada em inglês foi "corpo astral". Este termo está mais perto do fato real, já que a substância desta forma se deriva da matéria cósmica ou matéria estelar, a grosso modo. Porém, a antiga palavra sânscrita – *Linga Sharīra*, o corpo-modelo – descreve-o com exatidão, porque este é o desenho ou modelo do corpo físico. Esse termo é preferível ao de "corpo etérico", porque este último poderia sugerir a ideia de ser subsequente ao físico, quando em realidade o corpo astral antecede ao material.

O corpo astral está formado de matéria de um tecido muito fino e sutil, se for comparado com o do corpo visível, e tem uma grande força elástica, de maneira que muda pouco durante o curso de uma vida, enquanto que o corpo físico muda a cada instante. O astral não só tem esta força imensa, como também possui uma elasticidade que lhe permite estender-se a uma distância considerável. É flexível, plástico, extensível e forte. A matéria de que se compõe é elétrica e magnética em sua essência, exatamente a mesma de que o mundo inteiro estava composto no obscuro passado, quando o processo da evolução não tinha chegado ainda ao momento de produzir o corpo material para o homem. Mas esta não é matéria bruta nem crua. Tendo passado por um vasto período de evolução, e sofrido incalculáveis processos de purificação, sua natureza tem sido refinada a um grau muito além dos grosseiros elementos físicos que vemos e apalpamos com os olhos e as mãos físicas.

O corpo astral é o modelo guia do físico, e todos os outros reinos têm igualmente um modelo astral. Os vegetais, minerais e animais têm um duplo etérico e esta é a única teoria que responderá à questão de por que a semente reproduz sua mesma espécie e todos os seres conscientes procriam outros seres semelhantes. Os biólogos unicamente podem dizer que os fatos são tais como se os conhece, porém não podem dar a razão pela qual a bolota nunca poderá produzir outra coisa que não um carvalho, exceto que jamais se soube algo diferente. A doutrina verdadeira era conhecida nas escolas de antigamente, e essa doutrina tem sido novamente promulgada no Ocidente, graças aos esforços de H. P. Blavatsky e daqueles que têm sido inspirados por suas obras.

Esta doutrina nos diz que, em épocas primitivas da evolução deste globo, os diferentes reinos da Natureza foram delineados primeiramente como plano ou forma ideal, e depois a matéria astral começou a trabalhar sobre este plano com a ajuda do princípio vital, até que ao cabo de longas idades a forma astral humana completou sua evolução e aperfeiçoamento. Esta é, pois, a primeira forma que a raça humana teve, e, em certo sentido, corresponde à alegoria da condição do homem no Jardim do Éden. Depois de outros longos períodos, durante os quais o ciclo do contínuo descenso ia avançando, a forma astral finalmente se cobriu com uma "vestimenta de pele", e a forma física atual se introduziu na cena. Esta é a explicação do verso no livro do Gênesis que descreve como foram dadas a Adão e Eva vestimentas de pele. Esta é a queda final na matéria, porque a partir desse momento o homem interior se esforça por elevar a massa inteira de matéria física para um nível superior e animá-la com influências espirituais, de forma que possa estar preparada para continuar ainda mais adiante durante o próximo grande período de evolução, depois que o atual termine.

Na presente época, o modelo pelo qual a criança se desenvolve no útero é o corpo astral, cuja forma está já perfeita antes do seu nascimento. É sobre este modelo que as moléculas se organizam por si mesmas, até que a criança esteja completamente formada, e a presença do corpo-modelo etérico explicará como a forma se desenvolve morfologicamente, como os globos oculares se impulsionam por si mesmos do interior até a superfície da face, e muitas outras coisas misteriosas da embriologia, que os médicos passam por cima com uma mera descrição, mas sem poder explicá-las. Isto esclarecerá melhor do que qualquer coisa as marcas de nascimento do feto no útero, negadas às vezes pelos médicos, mas bem conhecidas por aqueles que se dão ao trabalho de observar, como sendo um fato que ocorre frequentemente. A forma corporal em desenvolvimento está sujeita ao modelo astral, e conectada com a imaginação da mãe por órgãos físicos e psíquicos. A mãe projeta uma forte imagem de horror, temor ou qualquer outra emoção, e o modelo astral é afetado então similarmente. No caso de uma criança que nasce naturalmente sem pernas, as ideias e a potente imaginação da mãe amputam e inibem a perna astral, o que traz por resultado que as moléculas, não tendo o modelo astral morfológico da perna sobre o qual se alinhar e trabalhar, não estruturam perna corporal alguma, e assim similarmente em outros casos. Mas onde quer que encontremos um homem que ainda sente a perna que o cirurgião amputou, ou perceba dedos que lhe foram cortados, aí então o membro astral não foi afetado, e, portanto, o homem tem a sensação de que os membros estão ainda unidos a seu ser. Pois nem o bisturi nem os ácidos danificarão o modelo astral já formado, mas nas primeiras fases de seu desenvolvimento, as ideias e a imaginação têm sim o poder do ácido ou do aço afiado.

No homem comum, que não foi disciplinado em Ocultismo prático ou que carece desta faculdade por nascimento, o corpo astral não pode retirar-se do corpo físico a uma distância maior que poucos metros, pois é parte deste, o mantém e está incorporado nele como as fibras da manga que penetram a polpa da fruta. Mas também há aqueles que, em consequência de práticas seguidas de encarnações passadas sobre a Terra, possuem desde seu nascimento a faculdade de projetar inconscientemente o corpo astral. Estes são os médiuns, alguns videntes e muitas pessoas histéricas, catalépticas e escrofulosas. Aqueles que treinaram a si mesmos durante um curso prolongado numa disciplina excessivamente severa, que alcança a natureza moral e mental bastante além do poder do homem comum desta época, podem fazer uso da forma astral à vontade, porque transcenderam completamente a ilusão de que o corpo físico é uma parte permanente deles; ademais, aprenderam as leis químicas e elétricas que regem neste assunto. Nesse caso, eles atuam com conhecimento e conscientes; nos outros casos, atuam sem possibilidade de poder impedi-lo ou dominá-lo com a vontade, ou de evitar os riscos que acompanham o uso incontrolado de forças da Natureza de um caráter elevado.

O corpo astral possui em si os reais órgãos dos sentidos. Nele se encontram a visão, a audição, o paladar, o olfato e o tato. Ele tem um sistema completo de nervos e artérias que são próprios para a condução do fluido astral, o qual é para o corpo astral o que nosso sangue é para o corpo físico. O corpo astral é o homem pessoal real e nele estão também situadas a percepção subconsciente e a memória latente, que são utilizadas e confundidas pelos hipnotizadores modernos. Assim, quando o corpo morre, o homem astral fica em liberdade, e como na morte o homem imortal – a Tríade – remonta-se a outro estado, o corpo astral converte-se no cascão do que foi o homem vivo e requer certo tempo para dissolver-se. O cascão astral retém todos as recordações da vida que o homem viveu e assim é que pode repetir de uma maneira reflexa e automática o que o falecido sabia, dizia, pensava e via. Ele permanece próximo do abandonado corpo físico quase todo o tempo, até a completa desagregação deste, já que tem que passar através de seu próprio processo de desintegração. O cascão astral pode tornar-se visível sob certas condições. Este é o fantasma das sessões espiritualistas, onde se lhe induzem a mascarar-se como o verdadeiro espírito de tal ou qual indivíduo. Atraído pelos pensamentos do médium e de seus acompanhantes, vagamente se agita onde estes encontram-se reunidos, e é então galvanizado com vida artificial por uma multidão de forças elementais e pelo ativo corpo astral do médium que dirige a sessão, ou de qualquer outro médium que tome parte na mesma. Deste espectro astral (tal como se fosse de uma fotografia) são então refletidas no cérebro do médium todas as supostas evidências que alegam ser suficientes para provar a identidade do amigo ou parente falecido. Estas evidências são aceitas como prova, de que o espírito do falecido está presente, em razão do que nem os médiuns nem os participantes estão familiarizados com as leis que governam sua própria natureza, nem com a constituição, poder, e funcionamento da matéria astral e do homem astral.

A Filosofia Teosófica não nega os fatos demonstrados em sessões de alguns movimentos espiritualistas, porém dá uma explicação deles inteiramente oposta; e certamente a ausência total de explicações lógicas e científicas por parte destes supostos espíritos sobre os fenômenos que, se diz, eles mesmos produzem, confirma a afirmação de que não possuem conhecimento algum para comunicar. Eles meramente podem produzir certos fenômenos, cuja investigação e correspondentes deduções só podem ser propriamente levadas a cabo por um cérebro disciplinado e guiado pela trindade viva de espírito, alma e mente; e aqui, outra classe de fenômenos espiritualistas requer uma breve menção. Tal é a aparição que é descrita como "espírito materializado".

Três explicações, então, são oferecidas: Primeiro, que o corpo astral do médium vivo se desprende de seu corpo e assume a aparência do suposto espírito, porque uma das peculiaridades da matéria astral é sua capacidade de refletir uma imagem que jaz invisível no éter. Segundo, o cascão astral do falecido – totalmente carente do espírito e da consciência daquele – se faz vivível e tangível quando a condição do ar e do éter é tal que permite modificar a vibração das moléculas do cascão astral, a ponto de torná-lo visível. Os fenômenos de densidade e aparente peso são explicados sob outras leis. Terceiro, um volume invisível de matéria elétrica e magnética é coletado, e sobre ela é refletida, desde a luz astral, a imagem de qualquer pessoa que se deseje, seja viva ou morta. Esta aparição se supõe que seja o "espírito" de tal ou qual pessoa, mas não o é, e isso foi justamente chamado por H.P. Blavatsky de "fraude psicológica" porque fingia ser o que não é. E, embora pareça estranho, esta mesma explicação das materializações foi dada por um "espírito" em sessões comuns de supostos movimentos espiritualistas, mas nunca foi aceita pelos espiritualistas de fato, justamente porque esta teoria perturba seu conceito sobre o retorno dos espíritos das pessoas falecidas.

Finalmente, o corpo astral explica quase todos os fenômenos psíquicos estranhos que acontecem na vida cotidiana e nas relações com médiuns verdadeiros; também explica a natureza das aparições, a possibilidade de que as mesmas sejam vistas, e evita assim que aquele que duvide cientificamente infrinja seu bom juízo ao afirmar que você não viu o que está seguro de ter visto. A superstição é eliminada se for explicada a natureza verídica desses fenômenos e se for destruído o temor irracional em relação ao desconhecido, o que deixa o homem temeroso de ver um "fantasma". Da mesma maneira também podemos explicar o movimento de objetos sem contato físico, porque a mão astral pode ser projetada e forçada a pegar um objeto e arrastá-lo ou trazê-lo até o corpo. Quando se demonstrar que isso é possível, então os turistas não serão objeto de zombarias ao afirmarem ter visto os iogues hindus fazendo voar xícaras de café e também fazendo com que os objetos distantes aparentemente se aproximem deles sem serem tocados pelos iogues ou por qualquer outra pessoa. Todos os casos de clarividência e clariaudiência são igualmente explicados por mediação do corpo astral e da luz astral. Os órgãos astrais reais são os que veem e ouvem, e como todos os objetos materiais estão constantemente em movimento dentro do seus próprios átomos, a vista e o ouvido astrais não são obstruídos e podem funcionar a uma distância tão grande como a expansão da luz e matéria astral, que se estende por todos os contornos da Terra. Assim foi que o grande vidente Swedenborg viu casas queimando na cidade de Estocolmo enquanto se encontrava em outra cidade a muitas milhas de distância, e deste mesmo modo qualquer vidente contemporâneo vê e ouve a longa distância.

CAPÍTULO 6

KĀMA-DESEJO

O autor da obra – *Esoteric Buddhism* – a qual deve ser consultada por todos os estudantes de Teosofia, posto que é uma compilação de sugestões oferecidas por alguns Adeptos – deu o nome de *Kāma-Rūpa* ao quarto princípio da constituição do homem, porque a palavra *Kāma,* no idioma sânscrito, significa "desejo", e como a ideia que se pretendia comunicar era que o quarto princípio é o "corpo ou o conjunto de desejos e paixões", o senhor Sinnett acrescentou a palavra sânscrita *Rūpa*, que significa corpo ou forma, produzindo assim a palavra, composta *Kāma-Rūpa.* Aqui empregaremos as palavras equivalentes em português – paixões e desejos –, porque esses termos expressam exatamente sua natureza. Também faço isso com o objetivo de destacar a diferença profunda que existe atualmente entre a Psicologia e Filosofia Mental do Ocidente e as do Oriente. O Ocidente divide o homem em inteligência, vontade e sensação, mas não se compreende se as paixões e os desejos constituem ou não um princípio por si mesmos, ou se são completamente efeito do corpo. Em realidade, a maioria das pessoas considera-os como um fenômeno resultante da carne, porque frequentemente se lhes denomina como "desejos e apetites carnais". Os antigos, no entanto, e os teósofos modernos, sabem que as paixões e os desejos são um princípio em si mesmos e não meramente os impulsos do corpo. A Psicologia ocidental não pode oferecer-nos o esclarecimento deste assunto, por encontrar-se em sua infância e inteiramente carente de conhecimento acerca da natureza interior, que é a natureza psíquica do homem, e, a partir deste ponto, existe a maior divergência entre a Psicologia ocidental e a Teosofia.

As paixões e os desejos não são produzidos pelo corpo, mas, pelo contrário, o corpo vem a ser gerado pelas paixões e os desejos. São o desejo e a paixão os responsáveis por termos nascido e que nos farão nascer uma e outra vez em algum corpo, nesta Terra ou em algum outro globo. A paixão e o desejo induzem-nos a evoluir através das mansões da morte, às quais chamamos vidas sobre a Terra. Foi pelo surgimento do desejo na incognoscível causa primordial, a existência una e absoluta, que se manifestou o conjunto completo dos mundos; e é através do impulso do desejo no mundo atualmente manifestado, que este se mantém em existência.

O quarto princípio é o do equilíbrio entre os sete e acha-se na metade do conjunto; dele partem os caminhos para cima ou para baixo. É a base da ação e a força motriz da vontade. Como disseram os antigos herméticos: "Atrás da vontade, jaz o desejo". Porque desde que desejemos fazer o bem ou o mal temos primeiro que despertar dentro de nós o desejo para um desses dois cursos de ação. O homem de bem que chega finalmente a converter-se num sábio, teve que despertar, em algum momento e durante uma de suas numerosas vidas, o desejo pela companhia de homens santos e de manter vivo seu ardente desejo de progresso, a fim de continuar sua caminho. Até um Buda ou um Jesus teve primeiro que fazer um voto, que significa um desejo em alguma vida, de que salvaria o mundo ou uma parte do mesmo, e perseverar com esse desejo vivo em seu coração através de encarnações inumeráveis. De igual modo, no caso oposto, o homem mau, durante vidas e vidas tomou para si desejos vis, egoístas, perversos, e desta maneira degradando este princípio em vez de purificá-lo. No que tange ao lado material e científico do Ocultismo – o uso dos poderes ocultos internos de nossa natureza –, se este princípio do desejo não é suficientemente poderoso, o poder magistral da imaginação não pode realizar seu labor, porque, mesmo que faça um molde ou matriz, a vontade não pode atuar, a menos que seja impulsionada, dirigida e mantida num pináculo pelo desejo.

Os desejos e as paixões, portanto, têm dois aspectos, sendo um inferior e o outro superior. O inferior é aquele mostrado pela constante manutenção da consciência centrada abaixo, no corpo físico e no corpo astral; o aspecto superior provém da influência de uma aspiração até a trindade superior, de Mente, *Buddhi* e Espírito.

Este quarto princípio assemelha-se à constelação de Libra no curso do Sol, através do Zodíaco ou faixa celeste; quando o Sol (que é o homem real) alcança esse signo ou constelação, treme na balança. Se retrocedesse, os mundos seriam destruídos; ele segue em frente, e a raça humana completa se eleva em direção à perfeição.

Durante a vida, a colocação de desejos e paixões está, assim como no caso do corpo astral, por todo o sistema do homem inferior; e tanto como essa contraparte etérica de nossa pessoa física, o mesmo pode ser acrescentado ou diminuído, debilitado ou fortificado, degradado ou purificado.

Na morte, esse princípio anima o corpo astral, o qual se converte numa mero cascão astral, pois quando um homem morre, seu corpo astral e seu princípio de paixões e desejos abandonam juntos o corpo físico e se unificam. É este o momento em que o termo *Kāma-Rūpa* pode ser aplicado, em razão de que *Kāma-Rūpa* realmente se compõe do corpo astral e de *Kāma*, em conjunção, e esta união dos dois produz uma figura ou forma que mesmo que ordinariamente seja invisível, é material e pode fazer-se visível. Embora careça de mente e de consciência, *Kāma-Rūpa* possui poderes próprios que podem ser exercidos sempre que as condições o permitam. Estas condições são proporcionadas pelo médium, e em todas as salas de sessões, os cascões astrais das pessoas falecidas estão sempre presentes, para iludir os participantes cujas faculdades de discriminação foram embotadas pela admiração. *Kāma-Rūpa* é o "diabo" dos hindus, e o médium jamais poderia ter pior inimigo. Porque este espectro astral – ou *Kāma-Rūpa* – É o conjunto dos desejos e das paixões abandonados pela pessoa real, que partiu em sua viagem para o "céu" e que não tem nada a ver com as pessoas que ficaram para trás, muito menos com sessões e médiuns. Portanto, estando desprovidos de alma mais nobre, esses desejos e paixões afetam unicamente a parte mais baixa da natureza do médium, e não despertam nenhum elemento benéfico, senão as tendências mais vis do ser. Por esta razão, mesmo os supostos espiritualistas confessam que dentro da esfera dos médiuns há muita fraude, e os próprios médiuns têm confessado frequentemente coisas como: "os espíritos me tentaram, e eu cometi fraude de acordo com seus desejos".

Este fantasma *Kāma-Rūpa* é também o inimigo desta nossa civilização, a qual nos permite executar homens por crimes cometidos, e, deste modo, lançar ao éter um conjunto de paixões e desejos, livres das limitações do corpo e expostos a qualquer momento a serem atraídos para alguma pessoa sensitiva. E sendo assim atraídos, as imagens deploráveis de crimes cometidos e também a visão da execução, com todas maldições e sentimentos de vingança que a acompanham, incorporam-se em pessoas vivas, as quais, ignorando o mal, são incapazes de repeli-lo. É assim que os crimes e novas ideias de crimes são de fato propagadas diariamente nesses países onde a pena capital ainda prevalece.

Os cascões astrais, em conjunto com o corpo astral ainda vivo do médium, ajudados por certas forças da Natureza, que os teósofos denominam "elementais", produzem quase todos os fenômenos do Espiritualismo não fraudulento. O corpo astral do médium, tendo a faculdade de extensão e de expulsão, provê o cenário para aquilo a que se dá o nome de "espíritos materializados", para fazer mover objetos sem contato físico e para transmitir mensagens que se dizem de parentes falecidos, tudo que não é outra coisa que memórias e imagens impressas na luz astral; e para tudo isso usando e sendo usados por cascões astrais de suicidas, assassinos executados, e por toda classe de espectros, que naturalmente gravitam e permanecem próximos deste plano de vida. O número de casos em que uma comunicação vem de um verdadeiro espírito desencarnado é tão reduzido que podem ser contados com os dedos da mão. Porém, algumas vezes, os espíritos de homens vivos, enquanto seus corpos dormem, acodem às sessões espiritualistas e tomam parte nelas; mas eles não sabem como fazem isso e não são distinguidos pelos médiuns dentro do conjunto de cadáveres astrais.

O fato de que tais coisas possam ser efetuadas pelo homem interno e não ser recordadas, nada prova contra estas teorias; porque a criança pode ver, sem saber o funcionamento dos olhos, e o selvagem, embora ignore o complicado mecanismo fisiológico que funciona em seu corpo, efetua perfeitamente o complexíssimo processo da digestão; e o fato de que ele efetua este processo inconscientemente está perfeitamente em harmonia com nossa teoria, porque estes atos e fenômenos do homem ou ser interno são as ações inconscientes da mente subconsciente. Estas palavras, "consciente" e "subconsciente", são naturalmente usadas de maneira relativa, sendo a inconsciência unicamente do cérebro. Experimentos hipnóticos têm provado conclusivamente todas estas teorias, como será plenamente admitido algum dia não muito distante. Além disso, as envolturas astrais dos suicidas e dos criminosos já executados são as mais coerentes, as de vida mais longa, e as mais próximas de nós entre todos os espectros dos infernos, e, portanto, devem ser, por exigência do caso, os verdadeiros "guias"[8] na sala de sessões espiritualistas.

A paixão e o desejo, conjuntamente com o corpo-modelo astral, existem tanto nos homens como nos animais, assim como também no reino vegetal, embora neste último tenuemente desenvolvidos. Num certo período da evolução, nenhum outro princípio material adicional havia se desenvolvido, e os três princípios superiores de Mente, Alma e Espírito estavam simplesmente latentes. Até este ponto, o homem e o animal se encontravam no mesmo nível, porque o bruto em nós se compõe das paixões e do corpo astral. O desenvolvimento do gérmen da Mente formou o homem, porque isso é o que constitui a grande diferença. O Deus interno começa com *Manas*, ou mente, e é sobre esse conflito entre este Deus e o bruto inferior que a Teosofia nos fala e nos previne. O princípio inferior é chamado mau, porque assim é em comparação com o superior; porém, mesmo assim, o inferior é a base de toda ação. Não podemos nos elevar a menos que esse eu inferior primeiramente se afirme no desejo de melhorar. Neste aspecto, ao eu inferior se lhe chama *Rajas* ou qualidade ativa e má, a fim de distingui-la de *Tamas*, ou a obscura qualidade de sombras e de indiferença. A

---

[8] No original em inglês: *controls*. (N.E.)

elevação não é possível a menos que *Rajas* se encontre presente para dar o impulso; e pelo exercício deste princípio de paixão, todas as qualidades superiores são movidas finalmente a purificar e elevar nossos desejos a um grau tal que estes possam estar continuamente situados na verdade e no espírito. Por isso a Teosofia não indica que as paixões devem ser incentivas ou saciadas, pois uma doutrina mais perniciosa que essa nunca foi ensinada; mas o preceito é que se faça uso da atividade gerada pelo quarto princípio, com a finalidade de elevar-nos constantemente e de não cair sob o domínio da qualidade obscura que termina com a aniquilação, havendo começado com o egoísmo e a indiferença.

Tendo examinado assim a esfera de ação dos princípios inferiores, e analisado sua natureza, vemos que a Teosofia ensina que no estado atual de sua evolução o homem é um quaternário inteiramente desenvolvido com os princípios superiores parcialmente desenvolvidos. Por esta razão se afirma que o homem de hoje demonstra por si mesmo estar impulsionado pela paixão e o desejo. Isto se prova ao observar as civilizações da Terra, porque todas elas têm sido impulsionadas por este princípio; e nos países como França, Inglaterra e nas Américas, a glorificação desse princípio se manifesta pela atenção à ostentação, à arte sensual, à luta pelo poder e a posição, e em todos os hábitos e estilos de vida onde a plena gratificação dos sentidos é frequentemente estimada como o supremo bem.

Todavia, como a Mente continua desenvolvendo-se mais e mais, à medida que prosseguimos nosso curso ao longo da evolução da raça, pode ser percebido subjacentemente, em todos os países, o começo da transição, desde o animal possuidor do gérmen da verdadeira mente, até o homem de mente completa. Este dia é, portanto, conhecido pelos Mestres, que têm divulgado algumas das antigas verdades, como um "período de transição". A orgulhosa ciência, e a ainda mais orgulhosa religião, não admitem isso; pensam que somos o que sempre seremos. Mas confiando em seus Instrutores, o teósofo vê por toda sua volta a evidência de que a mente da raça está mudando quanto à amplitude, que os velhos tempos do dogmatismo terminaram, e a "era do questionamento" já chegou; que os questionamentos aumentarão ano a ano, e que as respostas terão que satisfazer a mente à medida que esta cresce mais e mais, até que, por fim, havendo terminado todo o dogmatismo, a raça se encontrará preparada para afrontar todos os problemas, cada pessoa por si mesma, todos trabalhando para o benefício do todo, e que, ao final, redundará no aperfeiçoamento daqueles que lutam para transcender o bruto. Por estas razões, as antigas doutrinas são novamente promulgadas, e a Teosofia convida a cada um de nós a refletir sobre se é melhor ceder à natureza animal inferior, ou alçar a vista e ser governado pelo Deus interno.

Um estudo mais amplo do quarto princípio de nossa constituição nos obrigaria a considerar questões tais como as apresentadas pelos que fazem milagres no Oriente, pelos fenômenos espiritualistas, o hipnotismo, as aparições, a perturbação mental e afins; mas estas devem ser reservadas para outra ocasião.

CAPÍTULO 7

MANAS – A MENTE

Em nossa análise da natureza do homem, até agora temos considerado unicamente os elementos perecíveis que constituem o homem inferior, e chegamos ao quarto princípio ou plano – o do desejo – sem ter feito alusão alguma à questão da Mente. Porém, mesmo até o ponto que abordamos, deve ser evidente que existe uma grande diferença entre as ideias comuns acerca da Mente e as que se encontram na Teosofia. Comumente se pensa na Mente como algo imaterial, ou que é meramente o nome dado à ação do cérebro ao desenvolver o pensamento, processo inteiramente desconhecido, a não ser por inferência, ou então que se não há cérebro tampouco pode haver mente. Muita atenção tem sido aplicada para catalogar certas funções e atributos mentais, mas faltam os termos no idioma para poder descrever os atuais fatos metafísicos e espirituais com respeito ao homem. Esta confusão e carência de palavras para estes usos se deve quase inteiramente, primeiro, à religião dogmática, a qual tem afirmado e imposto, por muitos séculos, dogmas e doutrinas que são inaceitáveis à razão; segundo, ao conflito natural que surgiu entre a ciência e a religião tão logo foram retirados os grilhões que a religião impôs à ciência, e se permitiu a esta tratar com os fatos da Natureza. A reação contra a religião naturalmente impediu que a ciência adotasse nada mais que um conceito materialista do homem e da Natureza. Assim, de nenhuma dessas duas fontes conseguimos obter até agora os termos necessários para descrever os princípios quinto, sexto e sétimo, que compõem a Trindade, o homem real, o peregrino imortal.

O quinto princípio é *Manas* na classificação adotada pelo senhor Sinnett, e usualmente se define como a Mente. Outros nomes lhe têm sido atribuídos, porém *Manas* é o conhecedor, o percebedor, o pensador. O sexto é *Buddhi*, o discernimento espiritual; o sétimo é *Ātmā*, o espírito, o raio de luz que emana do Ser Absoluto. Nosso idioma será suficiente para descrever em parte a natureza de *Manas*, mas não *Buddhi* ou *Ātmā*, e até muitas coisas relativas a *Manas* ficarão por esclarecer.

O curso da evolução desenvolveu os princípios inferiores e produziu por fim a forma humana, provida de um cérebro com uma capacidade maior e mais profunda que a de qualquer outro animal. Porém, este homem, humano na forma, não o era ainda no mental, e, portanto, necessitava do quinto princípio, que é o princípio do pensamento, da percepção, para diferenciá-lo do reino animal e para conferir-lhe o poder de chegar a converter-se em autoconsciente. A Mônada ficou aprisionada nestas formas, e essa Mônada está composta de *Ātmā* e *Buddhi*, porque sem a presença da Mônada a evolução não poderia seguir em frente. Retrocendo momentaneamente à época em que as raças careciam da mente, surge a questão: "Quem deu a mente, de onde veio e o que é?". A mente é o elo entre o Espírito de Deus no alto e o pessoal abaixo, e foi concedida às Mônadas sem mente por outras Mônadas que haviam passado por esse processo, idades após idades, em outros mundos e sistemas de mundos, vindo a mente, portanto, de outros períodos evolucionários levados a cabo e completados muito tempo antes de que o Sistema Solar tivesse começado. Esta é a teoria, estranha e inaceitável hoje, mas que deve ser enunciada se é que vamos dizer a verdade acerca da Teosofia; e isto é simplesmente repetir o que outros disseram anteriormente.

A maneira em que esta luz da mente foi dada aos Homens sem Mente pode ser compreendida por meio do exemplo de uma vela que vai acendendo simultaneamente muitas outras. Dada uma vela acesa e muitas outras apagadas, entende-se que com uma luz as outras podem ser também acendidas. O mesmo ocorre no caso de *Manas*, que é a chama acesa. Os homens sem mente, tendo os quatro princípios elementais de corpo físico, corpo astral, vida e desejo, são as velas apagadas que não podem ser acesas por si mesmas. Os Filhos da Sabedoria, que são os Irmãos Mais Velhos de cada família humana em qualquer globo, possuem a luz, herdada de outros progenitores de épocas remotas, muito mais distantes, numa procissão interminável, sem princípio ou fim. Eles acendem o fogo no conjunto dos princípios inferiores combinados à Mônada, e assim acendem

Manas nos novos homens, preparando outra grande raça para a Iniciação final. Esse acender do fogo de *Manas* está simbolizado em todas as grandes religiões e na Franco-maçonaria. No Oriente, um sacerdote aparece sustentando uma vela acesa no altar e milhares de paroquianos acendem suas velas na do sacerdote. Os parses também têm seu fogo sagrado, o qual é aceso por alguma outra chama sagrada.

Manas, ou o Pensador, é o ser reencarnante, o imortal que transporta consigo as experiências e valores de todas as diferentes existências vividas sobre a Terra ou em outro globo. A natureza de *Manas* torna-se dupla ou dual tão logo se enlaça num corpo. Porque o cérebro humano é um organismo superior, e *Manas* usa-o para raciocinar da premissa à conclusão. Isso também diferencia o homem do animal, porque o animal atua por meio de impulsos automáticos e os chamados instintos, enquanto que o homem pode usar o raciocínio. Este é o aspecto inferior do Pensador ou *Manas*, e não, como alguns supuseram, o dom mais elevado e melhor que o homem possui. Seu outro aspecto, para a Teosofia o mais elevado, é o intuitivo, que conhece sem depender da razão. O aspecto inferior, puramente intelectual, é o mais próximo do princípio do desejo, e é assim como se distingue de outra parte, a qual tem afinidade com os princípios espirituais superiores. Se o Pensador, pois, torna-se completamente intelectual, a natureza toda do ser começa a dirigir-se para baixo; pois o intelecto sozinho é frio, sem coração, egoísta, porque não está iluminado pelos outros dois princípios superiores de *Buddhi* e *Ātmā*.

Em *Manas* estão armazenados os pensamentos de todas as nossas vidas. Isto é, numa encarnação, a soma total de pensamentos por trás das ações desse período de vida serão em geral de um mesmo caráter, mas podem ser classificados, numa ou mais categorias. Ou seja, o homem de negócios atual é um caso específico; os pensamentos todos de sua vida representam um só fio de raciocínio. O artista é outro caso. O homem que se esforçou nos negócios, mas que também pensou muito na fama ou no poder que nunca conseguiu, é ainda outro caso. A grande massa de gente pobre, abnegada, intrépida e forte que tem pouco tempo para pensar, constitui outra classe distinta. Em todos estes, a quantidade total de pensamentos durante a vida forma a corrente ou fio da meditação de uma vida – "aquilo em que o coração esteve centrado" – e está agora armazenado em *Manas* para ser trazido à luz outra vez em qualquer época, em qualquer encarnação em que o cérebro e o ambiente sejam similares àqueles que se usaram para engendrar essa classe de pensamentos.

É *Manas* que vê os objetos que lhe são apresentados pelos órgãos corporais e os verdadeiros órgãos internos. Quando o olho enfoca uma imagem na retina, o panorama completo transforma-se em vibrações nos nervos óticos, as quais desaparecem no interior do cérebro, onde *Manas* está capacitada para percebê-las como ideias. E da mesma maneira ocorre com todos os outros órgãos dos sentidos. Se a conexão entre *Manas* e o cérebro se rompe, a inteligência não se manifestará, a menos que *Manas* tenha descoberto, por meio de treinamento, a maneira de projetar o corpo astral fora do físico e possa continuar, por esse meio, em comunicação com seus próximos.

O hipnotismo, o mesmerismo e o Espiritualismo têm provado que os órgãos e os sentidos não podem eles mesmos conhecer os objetos. Porque, segundo vemos nos experimentos mesméricos e hipnóticos, o objeto visto ou sentido, e do qual todas as sensações de objeto sólido podem ser percebidas, é com frequência só uma ideia existente no cérebro do operador.

Da mesma forma, *Manas*, usando o corpo astral, apenas tem que imprimir uma ideia sobre a outra pessoa para induzi-la a perceber a ideia e a transformá-la num corpo visível, ao qual parecem seguir os efeitos usuais de densidade e peso. No hipnotismo há muitas experiências, todas demonstram que a chamada matéria não é de *per se* sólida ou densa; que a vista nem sempre depende dos olhos e dos raios de luz procedentes de um objeto; que o que é intangível para um cérebro e órgãos normais, pode ser perfeitamente tangível para outro; e que efeitos físicos no corpo podem ser produzidos tão só por uma ideia. Os bem conhecidos experimentos de produzir uma bolha com um simples pedaço de papel, ou impedir que um emplastro produza uma bolha por meio da força de sugestão transmitida ao sujeito, quer fosse ou não formar uma bolha, provam convincentemente o poder de efetuar um impulso sobre a matéria pelo uso desse princípio chamado *Manas*. Porém, todos estes fenômenos são a manifestação dos poderes de *Manas* inferior atuando no corpo astral e o quarto princípio, o do desejo, empregando o corpo físico como cenário para a exibição desses poderes.

É este *Manas* inferior o que retém todas as impressões de uma vida e algumas vezes as revela de uma maneira singular, como em transes ou sonhos, delírio, estados induzidos, aqui e ali, em condições normais, e muito frequentemente no momento da morte física. Todavia, *Manas* está tão ocupado com o cérebro, com a memória e a sensação, que usualmente não elucida senão umas poucas reminiscências fora do conjunto de eventos que os anos lhe trouxeram antes. Isso interfere com o funcionamento de *Manas* Superior, porque justamente no nível atual da evolução, o desejo e os correspondentes poderes, faculdades e sentidos são os mais altamente desenvolvidos, obscurecendo, por assim dizer, a luz branca da parte espiritual de *Manas*.

Manas inferior fica colorido por todo objeto que lhe seja apresentado, seja ele um pensamento ou um objeto material. Ou seja, *Manas* inferior, operando através do cérebro, é imediatamente transformado na forma e outras características de um dado objeto, seja mental ou não. Isto faz com que tenha quatro peculiaridades: Primeira, voar natural e subitamente desde algum ponto, objeto ou sujeito; Segunda, voar para alguma ideia agradável; Terceira, voar para alguma ideia desagradável; Quarta, permanecer passiva, sem considerar nada. A primeira se deve à memória e ao movimento natural de *Manas*; a segunda e terceira se devem unicamente à memória; a quarta significa o sono quando este não é anormal, e quando é anormal, leva à demência.

Estas características mentais que pertencem todas a *Manas* inferior são as mesmas que devem ser combatidas e conquistadas por *Manas* Superior, com a ajuda de *Buddhi* e *Ātmā*. Se *Manas* Superior pode atuar, vem a ser o que algumas vezes chamamos um Gênio; e se domina por completo, então pode converter-se num deus. Porém, a memória continuamente apresenta imagens a *Manas* inferior, resultando no obscurecimento do Superior. Algumas vezes, entretanto, vemos aqui e ali, ao longo do caminho da vida, homens que são gênios ou grandes videntes e profetas. Nestes, os poderes Superiores de *Manas* estão ativos e a pessoa iluminada. Tais foram os grandes Sábios do passado; seres como Buda, Jesus, Confúcio, Zoroastro e outros. Também poetas, tais como Tennyson, Longfellow e outros, são homens nos quais o *Manas* Superior de vez em quando projeta um raio luminoso sobre o homem terreno, sendo logo obscurecido, em consequência da educação dogmática religiosa, a qual tem gravado na memória certas imagens que sempre impedem *Manas* de conseguir sua plena atividade.

Nesta Trindade superior, temos Deus sobre cada um de nós; este é *Ātmā* e pode ser denominado o Eu Superior.

Logo está a parte espiritual da alma denominada *Buddhi*; quando está completamente unido com *Manas*, a este pode chamar-se o Divino Ego.

O Ego interno, que reencarna, ocupando um corpo atrás do outro, acumulando impressões vida após vida, adquirindo experiência e somando-a ao divino Ego, sofrendo e desfrutando através de um imenso período de anos, é o quinto princípio – *Manas* –, não unido a *Buddhi*. Esta é a individualidade permanente que dá a cada homem a sensação de ser ele mesmo e não algum outro indivíduo; aquele que através de todos as mudanças dos dias e das noites, desde a juventude até o fim da vida, nos faz sentir uma mesma identidade durante todo esse período. Pelo sono, e de certa maneira, ele atravessa o hiato trazido pelo sono da morte. É isso, e não nosso cérebro, o que nos eleva acima do animal. A profundidade e variedade das operações do cérebro humano são causadas pela presença de *Manas*, e não são as causas da mente. E quando, seja total ou ocasionalmente, nos tornamos conscientes com *Buddhi*, nossa Alma Espiritual, contemplamos então a Deus, por assim dizer. Esta é a visão a que todos os antigos aspiravam, mas na qual os modernos não creem, preferindo estes últimos mais propriamente repudiar seu inato direito à grandeza natural e seguir adorando um deus imaginário, criado unicamente por suas próprias fantasias e não muito diferente da fraca natureza humana.

Esta individualidade permanente da presente raça tem passado, consequentemente , através de toda classe de experiência, porque a Teosofia insiste na sua permanência e na necessidade de continuar tomando parte na evolução. Ela tem um dever a cumprir, que consiste em elevar para um nível superior toda a matéria que lhe concerne na cadeia de globos à qual a Terra pertence. Nós todos temos vivido e tomado parte em civilização após civilização e raça após raça sobre a Terra, e assim continuaremos através de todas as rondas e raças até que a sétima seja completada. Ao mesmo tempo, deve-se recordar que a matéria deste globo e tudo quanto a ele está relacionado também tem passado através de todo tipo de formas, com apenas algumas possíveis exceções em esferas muito inferiores de formação mineral. Porém, em geral, toda a matéria visível, ou a suspensa no espaço e ainda por precipitar-se, já foram moldadas numa ou noutra ocasião em todas as variedades, muitas das quais não temos sequer uma ideia. Os processos da evolução, portanto, em alguns departamentos se adiantam agora com maior rapidez que em épocas passadas, porque ambos, *Manas* e matéria, já adquiriram capacidade e facilidade de ação. Especialmente é assim com relação ao homem, que é o mais avançado de todas as coisas e de todos os seres nesta evolução. Ele está agora encarnado e projetado através da vida mais rapidamente que nos períodos anteriores, quando levava muitíssimos anos para obter uma "vestimenta de pele".

Este retorno à vida uma e outra vez não pode ser evitado pelo homem comum, porque *Manas* inferior encontra-se ainda atado ao desejo, que é na atualidade o princípio dominante e preponderante. Estando assim influenciado pelo desejo, *Manas* é iludido continuamente durante sua encarnação, e ao ser assim iludido, é incapaz de impedir a ação sobre si mesmo das forças geradas durante a vida. Estas forças são geradas por *Manas*, ou seja, pelos pensamentos gerados no período de vida. Cada pensamento cria uma ligação com o físico e o mental, com o desejo no qual está enraizado. A vida inteira está repleta de tais pensamentos, e quando o período de repouso depois da morte chega a seu fim, *Manas* está enlaçado à Terra por inumeráveis fios eletromagnéticos, em razão dos pensamentos gerados durante a última vida e, portanto, pelo desejo, porque foi o desejo o que lhe causou tantos pensamentos e a ignorância da verdadeira natureza das coisas. Uma compreensão desta doutrina de que o homem é realmente um pensador e feito de pensamento clarificará tudo o mais relacionado à encarnação e reencarnação. O corpo do homem interno é feito de pensamento, e, sendo assim, claramente se deduz que se os pensamentos têm mais afinidade com a vida terrena que com qualquer outra vida, um retorno à vida é inevitável.

Em nossos dias, *Manas* não está inteiramente ativo na raça, porque o desejo ainda permanece supremo. No próximo ciclo do período humano, *Manas* estará completamente ativo e desenvolvido na raça inteira. Por isso, os homens da Terra não chegaram ainda ao ponto de fazer uma escolha consciente acerca do caminho que tomarão; no entanto, quando se estiver já no ciclo ao qual se fez referência, e com *Manas* ativo, todos serão então compelidos a fazer uma escolha consciente para a direita ou a esquerda, conduzindo um destes caminhos à união completa e consciente com *Ātmā*; o outro, à aniquilação dos seres que assim preferiram.

CAPÍTULO 8

SOBRE A REENCARNAÇÃO

Como chegou o homem a ser o ente completo que é e por que existem questões às quais nem a ciência nem a religião oferecem resposta convincente? Este pensador imortal, possuindo tão vastos poderes e possibilidades, todos seus, em razão de sua conexão íntima com todo aspecto secreto da Natureza, a partir da qual ele é constituído, encontra-se erguido sobre o cume de uma imensa e silenciosa evolução. Ele pergunta por que a Natureza existe, qual a finalidade do drama da vida, e como esse objetivo pode ser logrado.

Mas ambos, a Ciência e a Religião, falham em dar uma resposta razoável. A Ciência não alega estar em condições de dar a solução, declarando que a investigação das coisas, tal como são, é tarefa suficiente; a religião oferece uma explicação que é tão ilógica como carece de significado, sendo apenas aceitável ao fanático, já que requer que consideremos a Natureza toda como um mistério, e busca o sentido e propósito da vida, com todas as suas amarguras, no prazer de um Deus que não pode ser encontrado. Uma mente investigadora sabe que a religião dogmática tão somente pode dar uma resposta inventada pelo homem, enquanto alega ser de Deus.

Para que então existe o Universo e para que ulterior propósito se acha o homem, o Pensador imortal, dentro desta evolução? O objetivo é a experiência e a emancipação da alma, com o propósito de elevar a massa inteira de matéria manifestada à estatura, natureza e dignidade de uma divindade consciente. O grande desígnio é o de conseguir a autoconsciência, não através de uma raça ou uma tribo, ou de alguma nação favorita, mas por e através do aperfeiçoamento – depois de sua transformação – da massa total de matéria, assim como também do que agora denominamos alma. Nada é nem será ignorado.

A meta para o homem atual é sua Iniciação no completo saber; e para os outros reinos inferiores a ele, que possam ser elevados gradualmente, de plano em plano, até ser, com o tempo, também Iniciados. Esta é a evolução elevada até sua mais alta potência; este é um prospecto magnífico, que transforma o homem num deus e dá a cada parte da Natureza a possibilidade de chegar a converter-se num deus, algum dia. Há força e nobreza nesta teoria, porque nela nenhum homem é diminuído ou menosprezado, já que nenhum ser é tão originalmente pecador que não possa elevar-se acima de todo pecado.

Considerado do ponto de vista materialista da Ciência, a evolução abarca a metade da vida; enquanto que o conceito religioso da evolução é uma miscelânea de absurdos e temores. As religiões de hoje retêm o elemento do temor, e imaginam que um ser Todo-Poderoso não pode pensar acerca de nenhuma outra Terra senão esta, ao qual governa de maneira muito imperfeita. Porém, a antiga visão teosófica faz do Universo um conjunto vasto, completo e perfeito.

A partir do momento em que postulamos a existência de uma dupla evolução, física e espiritual, temos que admitir ao mesmo tempo que tal evolução tão somente pode continuar por meio da reencarnação. Isso está, em verdade, demonstrado pela Ciência. Tem-se demonstrado que a matéria da Terra e de todas as coisas físicas nela existentes estiveram numa época em estado gasoso ou fluido; que a mesma se esfriou; que sofreu mudanças; que de suas alterações e evoluções gerou-se, por fim, a grande variedade de coisas e de seres. Isto, no Plano Físico, significa transformação ou mudança de uma forma à outra. A massa total de matéria é quase a mesma que do começo da formação deste globo, concedendo-lhe uma ínfima adição devida à poeira estelar e aos aerólitos. Em consequência, a matéria deve ter sido mudada repetidas vezes e, portanto, ter sido fisicamente reformada e reincorporada. Naturalmente, para ser estritamente exatos, não deveríamos empregar a palavra reencarnação, porque "encarnar" se refere à carne. Digamos pois, "reincorporada", e então vemos que para ambos, a matéria e o homem, tem havido uma constante mudança de forma e isto é, amplamente falando, "reencarnação".

Com relação a toda a massa de matéria, a doutrina ensina que ela será elevada até a hierarquia do homem, quando o homem tiver se adiantado mais por si mesmo. Não há resíduo algum que será deixado de lado, depois da salvação final do homem, de uma maneira misteriosa e em algum remoto depósito de lixo da Natureza. A doutrina verdadeira não admite nada assim e ao mesmo tempo teme dar a verdadeira disposição do que poderia parecer um resíduo. Tudo é elaborado e processado para outros estados superiores, porque, segundo declara a filosofia, não existe matéria alguma inorgânica, mas que cada átomo é vivo e contém o gérmen da autoconsciência, e isto deve resultar que algum dia tudo terá sido transformado. Assim, o que atualmente conhecemos como carne humana foi numa época totalmente mineral, depois vegetal, e hoje está refinada em átomos humanos. Num momento muito distante do atual, a matéria vegetal de hoje terá sido elevada ao reino animal, e o que agora usamos como nossa matéria orgânica ou carnal será mudada, por transformação, através da evolução, em pensadores autoconscientes; e assim sucessivamente, ascendendo a escala inteira até o advento desse período no qual o que se conhece hoje como matéria mineral terá passado ao estágio humano, e ainda mais além, até o nível de pensador. Então, no advento de outro grande período de evolução, a matéria mineral dessa época será a que na atualidade está passando através de suas transformações inferiores em outros planetas e em outros sistemas de mundos.

Isto seja talvez um esboço "fantástico" para os homens atuais, tão acostumados como estão a serem tratados desde seu nascimento como maus, pecadores, fracos e completamente tolos, que temem até admitir a verdade acerca deles próprios; porém, para os discípulos dos antigos teósofos isso não é impossível nem fantástico, mas lógico e vasto. E sem dúvida alguma, este esquema será aceito algum dia por todos, quando a mente da raça ocidental tiver rechaçado a cronologia e as ideias mosaicas sobre o homem e a Natureza. Portanto, quanto à reencarnação e à metempsicose, dizemos que estas devem ser aplicadas primeiramente ao Cosmo inteiro e não simplesmente ao homem. Todavia, como o homem é o mais interessante objeto para si mesmo, consideraremos em detalhes a reencarnação do ponto de vista que a ele corresponde.

Esta é a mais antiga doutrina e é atualmente aceita por mais seres humanos do que aqueles que a repudiam. Quase todos os milhões de habitantes no Oriente aceitam esta doutrina; a mesma foi ensinada pelos gregos; um grande número de chineses crê nela, assim como seus antepassados; os judeus consideravam-na certa e não chegou a desaparecer de sua religião; e Jesus, chamado o fundador do Cristianismo, também acreditou nela e ensinou esta doutrina. Na Igreja cristã primitiva também era conhecida e promulgada, e os mais proeminentes entre os padres da Igreja acreditavam nela e promoviam-na.

Os cristãos deveriam recordar que Jesus era um judeu, que considerava sua missão destinada aos judeus, porque segundo diz o Evangelho de São Mateus: "Não sou enviado senão às ovelhas perdidas da casa de Israel". Jesus deve ter conhecido bem as doutrinas que eles professavam. Todos acreditavam na reencarnação. Para eles, Moisés, Adão, Noé, Seth e outros haviam regressado à Terra; e na mesma época de Jesus acreditava-se que o antigo profeta Elias estava ainda por regressar. Assim encontramos, antes de tudo, que Jesus jamais negou a doutrina e em várias ocasiões deu-lhe seu assentimento, como quando disse que João o Batista era em realidade uma nova reencarnação do antigo Elias, a quem as pessoas estavam esperando. Tudo isso pode ser verificado no Evangelho de São Mateus, nos capítulos XVII, XI e outros.

Nesses escritos, está bem claro que Jesus aprovava a doutrina da reencarnação. E seguindo o caminho de Jesus, São Paulo, na epístola aos romanos, capítulo IX, fala de Esaú e de Jacó como tendo realmente existido antes de seu nascimento; e, mais tarde, tais proeminentes padres da Igreja cristã, como Orígenes, Synésios e outros, aceitaram e ensinaram a teoria. No livro de Provérbios, VIII, 22, Salomão diz ter estado presente durante a formação da Terra e que muito antes de que ele pudesse haver nascido como Salomão, seus prazeres eram os do viver nas partes habitáveis da Terra, em companhia dos filhos dos homens. No Apocalipse, III, 12, São João o Evangelista relata que a ele foi revelado, por meio de uma visão, aquela que se refere à voz de Deus ou de alguém falando em seu nome, que aquele que chegasse a vencer não teria necessidade de "sair" outra vez; isto é, que não necessitaria encarnar mais. Durante quinhentos anos depois de Jesus, até o Concílio de Constantinopla, esta doutrina foi ensinada na igreja. Então, se promulgou uma condenação sobre um aspecto do assunto, condenação que tem sido interpretada por muitos como se tivesse sido feita contra a reencarnação; mas se tal condenação é ditada contra as palavras de Jesus, a mesma não tem nenhum efeito. Esta condenação, por certo, vai contra Ele, e portanto a Igreja encontra-se na posição de alegar, de fato, que Jesus não conhecia o bastante para maldizer, segundo fez a Igreja, uma doutrina conhecida e ensinada em sua época, e a qual foi conspicuamente trazida a seu conhecimento e nunca condenada, mas de fato, aprovada por Ele.

O Cristianismo é uma religião judaica e esta doutrina da reencarnação lhe pertence historicamente por herança judaica, e também em razão de ter sido ensinada por Jesus e pelos primeiros padres da Igreja. Se houvesse alguma forma verídica ou lógica para a Igreja cristã livrar-se deste dilema – excluindo, naturalmente, os dogmas da Igreja –, agradaria ao teósofo que lhe fosse dado a conhecer. Em realidade, o teósofo sustenta que quem quer que seja cristão confesso e negue esta teoria, ele próprio põe, com isso, seu juízo contra o de Jesus, que deve ter sabido mais sobre o assunto que aqueles que seguem-no. É este anátema lançado pelo Concílio da Igreja contra a reencarnação, e a ausência desta doutrina no ensinamento atual, que tem causado dano ao Cristianismo e feito de todas as nações cristãs povos que fingem ser discípulos de Jesus e da lei do amor, mas que realmente, como nações, são seguidoras da Lei Mosaica da retaliação. Porque somente na reencarnação se encontra a resposta a todos os problemas da vida; e nela e no *Karma* encontra-se a força que levará os homens a praticar a ética que professam em teoria. O objetivo da antiga filosofia é o de restituir esta doutrina a qualquer religião que a tenha perdido, e, por isso, nós a chamamos o "elo perdido do Cristianismo".

Mas quem ou o que reencarna? O corpo físico não é o que reencarna, porque esse corpo morre e se desintegra; e a poucos de nós agradaria permanecer acorrentados para sempre a tais corpos como os que temos agora, que se admite estão infestados de enfermidades, exceto no caso dos selvagens. O corpo astral não é, tampouco, o que reencarna, porque como já se tem demonstrado, o astral também tem seu limite e deve desintegrar-se depois que o corpo físico tiver se dissolvido. Tampouco são as paixões e os desejos. Estes últimos são sem dúvida alguma de uma longa duração, porque têm o poder de reproduzir a si mesmos em cada vida, desde que não os erradiquemos. A reencarnação encarrega-se disso, posto que ela nos proporciona numerosas oportunidades para que lentamente, um por um, sejam erradicados todos os desejos e paixões que desfiguram a imagem celeste do homem espiritual.

Já foi explicado como a parte passional de cada um funde-se com a astral depois da morte e projeta aparentemente um ser, que tem uma curta existência para viver enquanto se desintegra. Quando a separação se completa entre o corpo que morreu, o corpo astral, as paixões e os desejos – tendo a vida começado a ocupar-se em outras formas –, a

Tríade Superior, *Manas*, *Buddhi* e *Ātmā*, que compõe o homem real, imediatamente passa a outro estado ou ambiente, e quando termina este estado – o qual é chamado *Devachan* ou céu, a Tríade Superior é novamente atraída para a Terra para sua reencarnação. Esta Tríade é a parte imortal de nosso ser; de fato, somos esta Tríade. Isso deverá ser firmemente compreendido pela mente, porque de seu claro entendimento depende a compreensão de toda a doutrina. O que em realidade obstaculiza esta visão para o homem ocidental moderno é simplesmente o prolongado treinamento que todos nós temos tido na Ciência materialista e numa religião materializante, as quais têm feito do mero corpo físico algo muito proeminente. A primeira tem ensinado somente sobre a matéria; e a segunda tem predicado a ressurreição do corpo, uma doutrina contrária ao senso comum, aos homens, aos fatos, à lógica e a todo testemunho. Porém, não há dúvida alguma de que a teoria da ressurreição do corpo provém da corrupção de um ensinamento mais antigo e verdadeiro. A ressurreição está baseada no que diz Jó acerca de ter visto seu redentor na carne, e sobre a menção de São Paulo de que o corpo foi ressuscitado incorrupto. Porém, Jó foi um egípcio que falava de ver seu mestre ou iniciador, que era o redentor, e Jesus e Paulo se referiam ao corpo espiritual somente.

Embora a reencarnação seja a lei da Natureza, a trindade completa de *Ātmā* - *Buddhi* - *Manas* ainda não reencarna inteiramente nesta raça. Estes três princípios superiores usam e ocupam o corpo por mediação da entrada de *Manas*, que é o mais inferior dos três princípios, e os outros dois brilham de cima sobre ele, constituindo assim o "Deus nos Céus". Isto foi simbolizado nos antigos ensinamentos judaicos por meio do Homem Celeste, que se ergue com a cabeça no céu e os pés no inferno. Ou seja, a cabeça, *Ātmā* e *Buddhi*, ainda permanece no céu, e os pés, *Manas*, caminham no inferno, que é o corpo e a vida material. Por essa razão, o homem não é ainda totalmente consciente, e as reencarnações são necessárias, com o objetivo de lograr a encarnação da completa Trindade Superior no corpo. Quando esse fim tiver sido consumado, a raça chegará a ser uma raça de deuses; e ao encontrar-se então a trindade divina em pleno controle e posse, a massa total da matéria será aperfeiçoada e elevada ao próximo passo. Este é o verdadeiro significado de "o verbo feito carne". No caso isolado de indivíduos como Jesus ou Buda, aquilo foi um acontecimento tão grandioso como para ser considerado pelo mundo como o de uma encarnação divina. E disto também surge a ideia da crucificação, porque *Manas* é pois crucificado com o propósito de elevar o ladrão até o Paraíso.

É porque a Trindade não está encarnada na raça que a vida abarca tantos mistérios, alguns dos quais estão aparecendo dia a dia, através dos diversos experimentos que se fazem acerca do homem.

O médico não sabe o que a vida é, nem a razão pela qual o corpo funciona conforme o faz, porque a parte espiritual está ainda envolta entre as nuvens do céu; o cientista está buscando na obscuridade, desconcertado e confuso por tudo o que o hipnotismo e outros fenômenos estranhos trazem diante dele, porque o homem consciente encontra-se fora do alcance, sobre o próprio cume da divina montanha, forçando assim o erudito a falar da "mente subconsciente", a "personalidade latente", e outros. Por outro lado, o sacerdote não pode dar-nos luz alguma porque ele nega a natureza divina do homem, reduz tudo para o nível do pecado original e coloca sobre nosso conceito de Deus o obscuro estigma de inépcia para controlar ou manejar a criação sem a invenção de expedientes para reparar supostos erros. Esta antiga verdade resolve o enigma e pinta Deus e a Natureza em cores harmoniosas.

A reencarnação não significa que nós transmigramos para formas animais depois da morte, segundo a crença de alguns povos do Oriente. "Uma vez um homem, sempre um homem", diz o adágio da Grande Loja. Porém, o castigo para alguns homens não seria ainda excessivo se fosse possível condená-los a renascer nos corpos de animais irracionais; no entanto, a Natureza nunca é guiada pelos sentimentos, mas pela lei, e nós, que não estamos capacitados para vê-la inteiramente, não podemos dizer que o homem brutal é animal em toda a sua natureza. E a evolução, tendo conduzido *Manas*, o Pensador, a Pessoa Imortal, a este plano, não pode voltar atrás para o animal que carece de *Manas*.

Ao examinar as duas explicações para a aceitação literal por alguns orientais dessas Leis do *Manu*, que parecem ensinar a transmigração para os animais, insetos, etc., poderemos ver como o estudante verdadeiro desta doutrina não cairá no mesmo erro.

A primeira destas explicações é que os diversos livros e versos que ensinam tal transmigração tratam sobre o verdadeiro método da reencarnação, ou seja, com a explicação dos processos físicos reais que têm que ser experimentados pelo Ego ao passar do estado de desencarnado ao encarnado, e também com as vias, os caminhos, ou os meios de descida do plano invisível ao visível. Isso não foi ainda explicado completamente nos livros teosóficos, porque de um lado é um assunto delicado, e de outro, os detalhes não seriam recebidos com crédito até pelos próprios teósofos, embora algum dia o serão. E como sabemos que esses detalhes não são de grande importância, não serão expostos agora.

Porém, como sabemos que nenhum corpo humano se forma sem a união dos dois sexos, e que os gérmens de tal produção estão encerrados nos centros sexuais e portanto devem derivar dos alimentos ingeridos pelo corpo, evidentemente os alimentos têm algo a ver com o Ego reencarnante. Agora, se o caminho à reencarnação conduz através de certos alimentos e não de outros, é possível que se o Ego se prende em alimentos que não conduzirão ao gérmen da reprodução física, uma punição é indicada, onde o *Manu* diz que tais e quais práticas conduzirão à transmigração, o que é então um "obstáculo". Emito agora está opinião para o benefício daqueles teósofos que leem estas passagens, e cujas próprias teorias sobre esta matéria são atualmente bem vagas e indefinidas e em certos casos baseadas em hipóteses completamente diferentes.

A segunda explicação é que, porquanto a Natureza pretenda que usemos a matéria absorvida por nosso corpo físico e corpo astral, com o propósito, entre outros, de beneficiar a matéria com a impressão que ela recebe durante seu contato e associação com o Ego humano, se nós a usamos para dar-lhe unicamente uma impressão e impulso brutal, ela deve retornar ao reino animal, para ser absorvida ali, em vez de ser refinada e mantida no plano humano. E como toda a matéria que o Ego humano reúne apreende a marca ou impressão fotográfica do ser humano, a matéria transmigra para um nível inferior, já que o Ego dá a ela uma impressão animalizada. Este fato real, no grande laboratório químico da Natureza, poderia ser facilmente mal-interpretado pelo ignorante. Porém, os estudantes atuais sabem que tão logo *Manas*, o Pensador, chega à cena, nunca mais retorna às formas inferiores; primeiro porque não o deseja; e segundo, porque não pode. Porque assim como o sangue no corpo está impedido, por válvulas, de retroceder e congestionar o coração, da mesma maneira, no vasto sistema de circulação universal, a porta se fecha atrás do Pensador, impedindo seu retrocesso.

A reencarnação, como doutrina que se aplica ao homem real, não ensina em absoluto a transmigração a reinos da Natureza inferiores ao humano.

CAPÍTULO 9

SOBRE A REENCARNAÇÃO (Continuação)

No Ocidente, onde a meta da vida consiste em lograr o êxito comercial, financeiro, social ou científico, isto é, lucro pessoal, engrandecimento e poder, a verdadeira vida do homem recebe muito pouca atenção, e nós, ao contrário dos orientais, damos pouca importância à doutrina da preexistência e à da reencarnação. O fato de que a Igreja a nega é razão sufuciente para muitos, e para eles nenhum argumento serve. Confiando em sua igreja, tais pessoas não desejam perturbar a tranquilidade de sua fé em dogmas que poderiam ser ilógicos; e como têm sido disciplinados na suposição de que a Igreja pode condená-los ao inferno, tão somente o temor cego à maldição lançada contra a reencarnação no Concilio de Constantinopla, pelo ano 500 da Era Cristã, não os faria aceitar a teoria maldita. E a Igreja, ao tratar sobre a doutrina, apela à objeção de que se os homens se convencessem de que viverão muitas vidas, a tentação de aceitar o presente e fazer o mal, sem restrição alguma, seria demasiado forte.

Absurda como parece, esta é a premissa estabelecida pelos jesuítas eruditos, que alegam que os homens prefeririam antes ter a oportunidade presente que esperar por outras futuras. Esta objeção seria válida se não houvesse retribuição alguma, mas como a Natureza tem também uma *Nêmesis* para cada malfeitor, e como cada um, sob a lei do *Karma* – que é a lei de causa e efeito e da perfeita justiça –, há de receber por si mesmo as exatas consequências, em cada encarnação, de todos os bons ou maus atos ou pensamentos que realizou e teve em outras encarnações, o princípio fundamental para a conduta moral está assegurado. Há segurança neste sistema, posto que nenhum homem pode, através de nenhum meio, favor, decreto ou crença, evitar as consequências, e cada um que se aferre a esta doutrina será movido por sua consciência e todo o poder da Natureza a agir bem, com o objetivo de que possa receber o bem e chegar a ser feliz.

Tem-se afirmado que a teoria do renascimento é inapropriada e desagradável, porque, por uma parte é fria e não permite a interferência de sentimento algum, proibindo-nos de renunciar à vontade a uma vida que achamos dolorosa, e, por outro lado, que pareça não haver qualquer oportunidade de vermos nossos entes queridos que tenham falecido antes de nós. Porém, quer seja de nosso agrado ou não, as leis da Natureza operam infalivelmente, e nem o sentimento nem a emoção podem, de maneira alguma, evitar a consequência que deve se seguir a uma causa. Se ingerimos alimentos nocivos, más consequências têm que sobrevir. O glutão gostaria de ter permissão da Natureza para fartar-se sem ser afetado pela indigestão que há de resultar, mas as leis da Natureza não podem ser tão facilmente descartadas.

Agora, a objeção à reencarnação de que não veremos nossos entes queridos no céu, conforme assegura a religião dogmática, pressupõe uma cessação completa da evolução e do desenvolvimento desses seres que abandonam a Terra antes de nós, e também assume que o reconhecimento depende da aparência física.

Mas assim como progredimos nesta vida, da mesma maneira devemos progredir ao abandoná-la, e seria injusto obrigar os outros a esperarem nossa chegada sem mudar, para que possamos reconhecê-los. E se a pessoa refletir nas consequências naturais de elevar-se até o céu, onde todos os impedimentos são descartados, deve ser evidente que aqueles que tenham estado residindo ali por vinte anos mortais anteriores à nossa chegada, sob circunstâncias variadas e favoráveis, devem ter efetuado, dentro da natureza dos processos mentais e espirituais, um progresso equivalente a muitas centenas de anos sobre a Terra.

Como poderíamos então, chegando mais tarde, e ainda imperfeitos, ser capazes de reconhecer aqueles que estiveram se aperfeiçoando no céu com tais vantagens? Assim como sabemos que o corpo físico ficou para trás abandonado para sua desintegração, do mesmo modo é evidente que, na vida espiritual e mental, o reconhecimento não pode depender da aparência corpórea. Não só isso é evidente, como estamos persuadidos de que um corpo físico, portador de necessidades especiais, às vezes encerra uma inteligência brilhante e uma alma pura, e que um corpo exterior belamente formado – tal como é o caso dos Bórgias – pode ocultar um demônio encarnado quanto ao caráter; a forma física não oferece, pois, garantia de reconhecimento naquele mundo onde o corpo físico está ausente. E a mãe que perdeu um filho quando este alcançou sua maturidade, há de saber que ela amava esse filho tanto quando era um bebê, como posteriormente, com o passar da vida, quando desapareceram completamente a fisionomia e os traços da juventude.

Os teósofos sabem que está objeção não pode ser sustentada frente à vida pura e eterna da alma. Ademais, a Teosofia ensina que todos aqueles seres que se assemelham e que se amam uns aos outros haverão de reencarnar juntos, sempre que as condições permitirem. Quando um de nós tiver avançado mais no caminho da perfeição, será sempre impulsionado a ajudar e consolar aqueles que pertencem à mesma família. Porém, quando um ser se tornou bruto, egoísta e perverso, nenhum outro ser teria interesse em sua companhia numa outra vida. O reconhecimento depende da visão interna e não da aparência externa; portanto, está objeção carece de validade. O outro aspecto desta objeção, relacionada com a perda de pais, filhos e parentes, está baseado na ideia errônea de que, como os pais dão ao filho o corpo, da mesma maneira dão-lhe também a alma. Mas a alma é imortal e não tem pais; assim, esta objeção não tem fundamento algum.

Existem pessoas que alegam que a teoria da Hereditariedade invalida a teoria da Reencarnação. Alegamos que é prova dela. A hereditariedade, ao proporcionar-nos um corpo físico em qualquer família, fornece o ambiente adequado para o Ego. O Ego só encarna numa família que, ou responde completamente à sua natureza, ou lhe oferece uma oportunidade para a realização de sua evolução, à qual esteja conectado em função de suas encarnações passadas ou por causas mutuamente criadas. Assim, pois, o filho malvado pode nascer atualmente numa família boa, porque os pais e o filho estão indissoluvelmente vinculados por ações passadas. Essa é uma oportunidade de redenção para a criança, e a ocasião de punição para os pais. Isso indica a herança corporal como um regime da Natureza que governa os corpos que devemos habitar, assim como as casas de uma cidade revelam a mentalidade de seus construtores. E assim como nossos pais, fomos os elaboradores e influenciadores do corpo, tomamos parte e fomos responsáveis por diversos estados na sociedade nos quais o desenvolvimento do corpo físico e do cérebro foi retardado ou ajudado, degradado ou ao contrário; do mesmo modo somos responsáveis nesta vida pela civilização na qual surgimos agora. Entretanto, quando observamos o caráter dos corpos humanos, encontramos grandes diferenças herdadas. Isto se deve à alma interior, que está sofrendo ou desfrutando na família, nação e raça, seus próprios pensamentos e atos, com os quais suas vidas passadas tornaram inevitável que reencarnasse.

A herança provê o alojamento e também impõe essas limitações de capacidade do cérebro ou do corpo, que são frequentemente como uma punição e outras vezes como uma ajuda, mas que jamais afetam o Ego real. A transmissão de características é uma questão material e tão somente a manifestação de consequências, numa nação, de ecos de vidas anteriores de todos os Egos destinados a tomar parte dessa raça. As limitações impostas ao Ego, por qualquer herança de família, são as consequências exatas das vidas anteriores desse mesmo Ego. O fato de que tais traços físicos e peculiaridades mentais sejam transmitidos, não contradiz a doutrina da reencarnação, posto que sabemos que a mente condutora e o caráter verdadeiro de cada um não são o resultado de um corpo e um cérebro físicos, mas são peculiares ao Ego em sua vida essencial. A transmissão de características e tendências por mediação dos pais e do corpo é exatamente o método escolhido pela Natureza para proporcionar ao Ego encarnante o alojamento apropriado no qual pode prosseguir seu trabalho. Qualquer outro método seria impossível e uma subversão à ordem natural.

Mais uma vez, aqueles que se debruçam sobre a objeção da hereditariedade, esquecem-se de que estão acentuando as similitudes e passando por cima das divergências; pois enquanto as investigações sobre a linha da hereditariedade física registraram a transmissão de muitos traços, essas investigações não fizeram o mesmo com relação às divergências que provêm da hereditariedade, que são maiores em número. Todas as mães sabem que os filhos de uma família são tão diferentes em caráter como os dedos da mão; eles vêm dos mesmos pais, mas todos variam em caráter e em capacidade.

A hereditariedade, como a grande regra e como explicação completa, fica absolutamente derrocada pela história, que não mostra nenhuma prova de transmissão contínua de erudição, poder e capacidade. Por exemplo, há muito tempo, no caso dos antigos egípcios e sua linha de transmissão truncada, não temos transmissão alguma para seus descendentes. Se a herança física esclarece a questão do caráter, como pode explicar-se o desaparecimento do grande caráter egípcio? A mesma questão se apresenta com respeito a outras nações antigas e agora extintas. E tomando uma ilustração individual, temos o grande músico Bach, cujos descendentes por linha direta mostraram uma diminuição do talento musical, que conduziu a seu desaparecimento final do seio da família. Porém, a Teosofia ensina que nestes dois casos – como em todos os similares –, a capacidade e a habilidade verdadeiras unicamente desapareceram de uma família e de um corpo nacional, mas são de fato retidas pelos Egos que antigamente as exibiram, e que estão agora encarnados em alguma outra nação e família da era presente.

O sofrimento alcança a quase todos os homens e um grande número deles vive uma vida de sofrimento desde o berço até a sepultura; por isso se alega que a reencarnação é injusta, porque sofremos devido às más ações cometidas por outra pessoa em outra vida. Esta objeção se baseia na noção errônea de que o ser na outra vida era outra pessoa; mas em realidade é o mesmo ser e identidade em todas as vidas. Quando retornamos, não ocupamos o corpo de alguém , nem assumimos os atos de outros seres, mas somos cada um como um ator que desempenha muitos papéis na cena, o mesmo ator interiormente, embora a indumentária e os versos recitados difiram em cada nova obra. Shakespeare tinha razão ao dizer que a vida é um cenário, porque a grande vida da alma é um drama, e cada nova vida e renascimento é um novo ato no qual assumimos outro papel e usamos novo vestuário; porém, através de tudo isso, somos exatamente o mesmo ser. Assim, em vez de ser injusta, a reencarnação é perfeita justiça, e de nenhuma outra forma poderia a justiça ser preservada.

Todavia, se reencarnamos – é dito – como não recordamos as outras vidas? E mais ainda, já que não podemos recordar os atos que ocasionaram nosso sofrimento, não é este motivo suficiente para considerar uma injustiça? Estas pessoas que assim perguntam ignoram sempre o fato de que elas também experimentam durante sua vida numerosos prazeres e recompensas, e que se contentam em aceitá-los sem questionar. Porque se é injusto ser castigado por atos cometidos que não recordamos, então também é injusto ser recompensado por outros atos que também foram esquecidos. O mero fato de entrar na vida terrena não é fundamento apropriado para nenhuma recompensa nem punição. Recompensa e punição devem ser o justo merecimento por uma conduta anterior. A lei de justiça da Natureza não é imperfeita, e é somente a imperfeição da justiça humana que requer que o ofensor saiba e recorde, nesta vida, de fato, a penalidade atribuída ao mesmo. Na vida anterior, o ser que atuou, então, estava bem consciente do que fez, e a Natureza determina as consequências de seus atos, sendo portanto justa. Bem sabemos que a Natureza fará com que o efeito siga a causa, qualquer que tenha sido no desejo e se recordamos ou esquecemos do que fizemos. Se um bebê é ferido em seus primeiros anos pela ama de leite, a ponto de gerar uma doença incapacitante depois da vida, como é frequentemente o caso, a lesão se manifestará, embora não tenha sido a criança a causadora disso nem recordasse nada a esse respeito. Porém, a reencarnação, juntamente com a doutrina do *Karma*, demonstra devidamente quão justo e perfeito é o esquema completo da Natureza.

A lembrança de uma vida anterior não é necessária para provar que passamos através dessa existência, nem é tampouco uma objeção o fato de não a recordarmos. Esquecemos a maior parte dos acontecimentos que ocorrem durante os dias e anos desta própria vida, mas ninguém poderia inferir, por essa razão, que não passamos por eles. Esses anos foram vividos e retemos tão somente alguns detalhes no cérebro; porém, o efeito integral deles sobre o caráter, isto sim é retido e faz parte de nós. O conjunto completo e detalhado das circunstâncias de uma vida é preservado no homem interno, para ser algum dia plenamente trazido à memória consciente, em alguma outra vida em que seremos perfeitos. E mesmo agora, imperfeitos como somos e com o pouco que conhecemos, os experimentos por meio do hipnotismo demonstram que os mais minuciosos detalhes estão registrados no que presentemente se conhece como a mente subconsciente. Segundo a Doutrina Teosófica, nem um só destes acontecimentos é de fato esquecido, e, no fim da vida, quando os olhos se fecham e aqueles que nos rodeiam declaram que morremos, cada pensamento e circunstância da vida surgem como relâmpagos, cruzando vividamente a nossa mente.

Muitas pessoas, entretanto, recordam que viveram antes. Os poetas assim cantaram; as crianças sabem bem disso, até que o constante viver num ambiente de incredulidade afugenta a lembrança de suas mentes, pelo momento; mas todos estão sujeitos às limitações impostas ao Ego pelo novo cérebro em cada vida. Esta é a razão pela qual não somos capazes de reter as imagens e cenas do passado, sejam desta ou de vidas anteriores. O cérebro é o instrumento para a memória da alma, e sendo novo em cada vida, mas com uma certa capacidade, o Ego pode unicamente usá-lo na nova vida segundo sua capacidade. Essa capacidade será plenamente utilizada ou não, apenas de acordo com os próprios desejos e conduta prévia do Ego, porque essas vidas passadas terão aumentado ou diminuído seu poder para vencer as forças da existência material.

Ao viver de acordo com os ditames da alma, o cérebro pode finalmente se tornar permeável à memória da alma; porém, se levarmos um tipo contrário de vida, então mais e mais nuvens obscurecerão essa reminiscência. Porém, como o cérebro não tomou parte alguma na última vida passada, este é em geral incapaz de recordá-la. Esta lei é muito sábia, porque seríamos muito infelizes se as ações e cenas de nossas vidas anteriores não fossem ocultadas à nossa contemplação, até que por disciplina passemos a ser capazes de enfrentar o conhecimento das mesmas.

Outra objeção apresentada é a de que, sob a doutrina da reencarnação, não é possível dar conta do crescimento da população do mundo. Isso presume que sabemos com certeza que a população cresceu e que estamos bem informados de suas flutuações. Mas não está certo que os habitantes do globo aumentaram, e, mais ainda, um vasto número de pessoas são mortas anualmente, acerca do qual nada sabemos. Na China, ano após ano, muitos milhares de pessoas têm sido arrastadas por inundações. As estatísticas acerca da fome não foram feitas ainda. Ignoramos por quantos milhares os falecimentos na África excedem aos nascimentos em qualquer ano. A objeção se baseia em quadros estatísticos imperfeitos que só têm que ver com os países ocidentais. Tal objeção igualmente assume que há menos Egos fora de uma encarnação e esperando seu renascimento, que o número de Egos que atualmente se encontra habitando corpos, o que é incorreto. Annie Besant explicou isto em seu livro *Reencarnação*, no qual diz que o globo habitado se assemelha a um auditório numa cidade, cheio de gente, onde a maioria sempre permanece fora, na cidade; o número de assistentes no auditório pode sempre variar, mas há uma constante fonte supridora na cidade. É certo que no que concerne a este globo, o número de Egos que lhe pertencem é definido, porém ninguém sabe o que é esse número exatamente, nem qual é a capacidade total da Terra para mantê-los.

As estatísticas de hoje se encontram principalmente no Ocidente, e seus quadros comparativos abarcam unicamente uma pequena seção da longa história do homem. Essas estatísticas não podem precisar o número de seres que estavam encarnados sobre a Terra em qualquer época remota quando o globo esteve densamente habitado; portanto, o número de Egos desejando ou esperando seu renascimento é desconhecido atualmente. Os Mestres do conhecimento teosófico dizem que o número total desses Egos é vasto, e por essa razão o número dos que estão prontos para tomar posse dos corpos por nascer, que excedem o número dos que morrem, é suficiente. Mas também se deve ter em mente que cada Ego por si mesmo varia a duração de sua permanência nos estados *post-mortem*. Os Egos não reencarnam com os mesmos intervalos, mas emergem desses estados de repouso depois da morte em proporções diversas, e sempre que ocorre um grande número de mortes por motivos de guerra, peste ou fome, há de imediato uma precipitação de almas para a encarnação, seja no mesmo lugar ou em qualquer outro local ou raça. A Terra é um globo tão pequeno dentro da imensa multidão de planetas habitáveis, que é suficiente a reserva de Egos prontos a encarnar. Porém, com o devido respeito por aqueles que introduziram esta objeção, não vejo que a objeção tenha maior validade ou qualquer relação com a verdade sobre a doutrina da reencarnação.

CAPÍTULO 10

ARGUMENTOS QUE APOIAM A REENCARNAÇÃO

A menos que neguemos a imortalidade do homem e a existência da alma, não há nenhum argumento firme contra a doutrina da preexistência e do renascimento, exceto aquele que se baseia no ditame da Igreja, que diz que cada alma é uma nova criação. Este ditame pode ser unicamente sustentado por um dogmatismo cego, já que, uma vez aceita a existência da alma, tarde ou cedo temos que chegar à teoria do renascimento, porque, mesmo quando cada alma é nova sobre esta Terra, a mesma deve continuar vivendo em alguma outra parte depois do falecimento; e em vista da reconhecida ordem da Natureza, haverá outros corpos em outros planetas ou esferas celestes.

A Teosofia aplica ao eu pessoal – o pensador – as mesmas leis que operam através de toda a Natureza; e essas leis todas são variações da grande lei de que os efeitos seguem sempre as causas, e de que nenhum efeito existe sem uma causa. A imortalidade da alma – que a massa da humanidade acredita – exige a encarnação corpórea, aqui ou em qualquer outra parte, e o estar encarnado significa reencarnação. Se vimos a esta Terra tão somente por alguns anos e logo vamos a alguma outra, a alma deve estar encarnada ali da mesma forma que aqui; e se chegamos aqui procedentes de qualquer outro mundo, devemos ter usado ali também uma vestimenta apropriada. Os poderes da mente e as leis que governam sua ação, seus apegos e desapegos, segundo se explica na Filosofia Teosófica, demonstram que sua reincorporação deve efetuar-se aqui, onde viveu e labutou, até que chegue esse momento em que a mente seja capaz de vencer as forças que acorrentam-na a este globo. Permitir à entidade aqui comprometida o transferir-se à outra cena de ação, antes de que tivesse vencido todas as causas que a atraíram para cá e sem ter cumprido com suas responsabilidades frente a outras entidades na mesma corrente de evolução, seria injusto e contrário às poderosas leis e forças ocultas que continuamente operam sobre ela. Os primeiros padres cristãos viram isso e ensinaram que a alma havia caído na matéria e que estava obrigada pela lei de sua natureza a esforçar-se assiduamente em direção à mesma fonte de onde proveio. Eles cantavam um antigo hino grego que dizia:

> "Mente Eterna, tua centelha brilha,
> Através deste fino vaso de argila,
> Entre as ondas do sombrio caos
> Emite um raio tênue.
> Esta Mente que envolve a alma é semeada,
> Gérmen encarnado sobre a Terra:
> Por piedade, Senhor de Misericórdia,
> Toma posse então
> Daquilo que em Ti reclama seu nascimento.
> Ainda longe de Ti, ó fogo central,

Lançada à triste escravidão da Terra,
Não permitas que a trêmula centelha expire;
Absorve, ao final, aquilo que és Tu mesmo!"

Cada ser humano possui um caráter determinado que difere de todos os outros seres humanos, e multidões de seres, congregados dentro de nações, demonstram em conjunto que o vigor nacional e peculiaridades distintivas se entrelaçam para formar um caráter nacional definido e separado. Estas diferenças, tanto individuais como nacionais, devem-se ao caráter essencial e não à educação. Mesmo a doutrina da sobrevivência dos mais fortes deveria demonstrar isso, porque a aptidão e a força não podem emanar do nada, mas devem finalmente se mostrar por si mesmas, no aparecimento do verdadeiro caráter interior. E como ambos, os indivíduos e as nações, entre aqueles que se encontram à frente na luta com a Natureza, exibem uma imensa força de caráter, temos que encontrar um lugar e uma época, onde tal força se desenvolveu. Estes são, diz a Teosofia, esta Terra e todo o período durante o qual a raça humana tem existido sobre o planeta.

Assim, enquanto a hereditariedade tem algo a ver com a diferença de caráter quanto à força e à moral, influenciando um pouco a alma e a mente, e provendo o lugar apropriado para receber recompensa e castigo, a hereditariedade não é, no entanto, a causa da natureza essencial, que cada qual mostra.

Mas todas essas diferenças, tais como aquelas mostradas pelas crianças desde o nascimento, pelos adultos à medida que o caráter se desenrola mais e mais, e pelas nações através de sua história, se devem à longa experiência adquirida durante muitas vidas sobre a Terra, e são o resultado da evolução da própria alma. O exame de uma curta vida humana não oferece suficiente base para a formação da natureza interior do homem. É indispensável que cada alma adquira toda experiência possível, e uma única vida não pode proporcionar isso, mesmo sob as condições mais favoráveis. Seria uma tolice do Todo-Poderoso colocar-nos aqui por um período tão curto, tão somente para erradicar-nos quando tivéssemos começado a ver o propósito da vida e as possiblidades que a mesma oferece. O simples desejo egoísta de uma pessoa de escapar das provas e da disciplina da vida não é suficiente para pôr de lado as leis da Natureza; portanto, a alma deve renascer até que deixe de colocar em movimento a causa do renascimento, depois de haver desenvolvido seu caráter até o limite possível, segundo indicam todas as variedades da natureza humana; quando todas as experiências tiverem acontecido e não antes de que toda a verdade acessível tenha sido adquirida.

A grande disparidade entre os homens com respeito à sua capacidade obriga-nos, se é que desejamos atribuir justiça à Natureza ou a Deus, a admitir a reencarnação e a rastrear a origem dessa disparidade nas vidas passadas do Ego. Pois as pessoas são prejudicadas, sofrem abusos e aparente injustiças em função de sua limitada capacidade e também de suas circunstâncias de nascimento e educação. Vemos pessoas com pouca escolaridade elevando-se acima das circunstâncias de família e de aprendizagem, e, frequentemente, outros nascidos no seio de famílias importantes têm uma capacidade menor; entretanto, os problemas das nações e das famílias surgem mais por falta de capacidade do que de qualquer outra causa. E se consideramos tão só as raças selvagens, nelas a injustiça aparente é enorme; porque muitos selvagens têm realmente uma boa capacidade cerebral, mas continuam selvagens. Isto se deve a que o Ego nesse corpo está ainda selvagem e subdesenvolvido; porque, em contraste com o selvagem, existem muitos homens civilizados com força cerebral reduzida, que não são selvagens de natureza porque o seu Ego teve uma longa experiência na civilização durante vidas anteriores, e, possuindo uma alma mais altamente desenvolvida que a do selvagem, tem o poder de usar o instrumento cerebral até seu limite mais elevado.

Cada homem sente e reconhece que ele possui uma individualidade própria, uma identidade pessoal que salva não só as lacunas causadas pelo sono, como também aquelas que às vezes sobrevivem como consequência de lesões temporais do cérebro. Esta identidade jamais se interrompe do começo até o fim da vida nas pessoas normais, e isso se deve unicamente à persistência e ao caráter eterno da alma.

Assim, desde que começamos a recordar, sabemos que nossa identidade pessoal não nos falhou, não importa quão limitada seja nossa memória. Isso descarta o argumento de que a identidade depende da recordação, uma vez que se a identidade dependesse apenas disso, teríamos que começar de novo a cada dia, já que não podemos nos lembrar dos eventos do passado em detalhes, e algumas mentes se lembram, mas muito pouco e mesmo assim sentem sua identidade pessoal. E como se observa com frequência que as pessoas que recordam o mínimo insistem tão vigorosamente como as outras em suas identidades pessoais, essa persistência de sentimento deve emanar da antiga alma imortal.

Contemplando a vida e sua provável finalidade, com toda a variada experiência possível para o homem, o indivíduo está forçado a concluir que uma só vida não é suficiente para realizar tudo o que está previsto pela Natureza, sem mencionar o que o próprio homem deseja alcançar. A gama de variedade em experiências é enorme. Há no homem um imenso campo de poderes latentes, que, segundo notamos, poderiam ser desenvolvidos se lhes fosse dada a oportunidade. Um conhecimento infinito em amplitude e em diversidade estende-se diante de nós, especialmente nestes tempos em que a investigação especializada está na ordem do dia. Percebemos que temos aspirações muito elevadas, sem ter tempo para poder realizá-las em toda sua medida, enquanto a grande tropa de paixões e desejos, motivos e ambições egoístas, guerreiam contra nós e entre eles próprios, perseguindo-nos até a porta do sepulcro. Todos estes obstáculos têm que ser tratados, conquistados, usados, subjugados. Uma vida não é suficiente para tudo isso. Dizer que temos somente uma única vida aqui, com tantas possibilidades à nossa frente, e que são impossíveis de desenvolver, e fazer do Universo e da vida tão somente uma imensa e cruel brincadeira perpetrada por um Deus poderoso, que é, portanto, acusado por aqueles que creem na criação especial de almas, de glorificar-se e brincar com o diminuto homem, simplesmente porque esse homem é pequeno e uma mera criatura do Todo-Poderoso. Uma vida humana é de uns setenta anos[9] no máximo; as estatísticas reduzem esta idade a uma média de quarenta; e deste remanescente tão reduzido, uma parte considerável é empregada no sono e outra parte na infância. Sendo assim, numa só vida parece ser completamente impossível alcançar uma simples fração do que a Natureza evidentemente tem em perspectiva. Nós vagamente percebemos muitas verdades que uma só vida não nos dá tempo suficiente para alcançar e compreender, especialmente quando os homens têm que manter uma grande luta pela sobrevivência. Nossas faculdades são pequenas, muito pouco desenvolvidas ou fracas; uma única vida não dá a oportunidade para alterar isso; nós percebemos outros poderes que temos latentes, que não podem ser desabrochados em tão curto espaço de tempo, e temos muito mais que uma simples suspeita de que o âmbito do campo da verdade é muito maior que o reduzido círculo no qual estamos agora confinados. Não é razoável supor que tanto Deus quanto a Natureza nos coloquem dentro de um corpo simplesmente para encher-nos de rancor, porque não podemos ter mais oportunidade aqui, mas antes, temos que chegar à conclusão de que uma série de encarnações nos tem conduzido à presente condição e que o pro-

[9] As estatísticas modernas, devido ao avanço da medicina, indicam números maiores para a duração da vida humana. (N. E.)

cesso de chegar aqui uma e outra vez deve continuar, com o propósito de nos dar as oportunidades necessárias.

O mero fato de morrer não é por si mesmo suficiente para produzir o desenvolvimento de faculdades ou a eliminação das tendências e inclinações errôneas. Se supormos que ao entrar no céu imediatamente adquirimos todo conhecimento e toda pureza, então esse estado após a morte fica reduzido à inação, e a própria vida, com toda sua disciplina, fica privada de todo significado. O ensinamento de algumas igrejas assegura que existe uma escola de disciplina acessível depois da morte, onde se diz que os próprios apóstolos, sabidamente homens ignorantes, hão de ser os instrutores. Isso é absurdo e isento de fundamento ou razão dentro da ordem natural das coisas. Ademais, se tal subsequente disciplina realmente existe, por que razão nos trouxeram então a esta vida? E por que razão, depois do sofrimento e do erro cometido, somos tirados do lugar onde nossos atos ocorreram? A única solução que resta é a da reencarnação. Regressamos à Terra, porque na Terra e com os seres que existem nela foram executados nossos feitos; porque é o único lugar apropriado onde a punição e a recompensa podem ser recebidos de forma justa; porque aqui está o único lugar natural para continuar a luta em direção à perfeição, até o desenvolvimento das faculdades que possuímos e a destruição da maldade que jaz em nós. A justiça para conosco e para com todos os demais seres assim o exige, porque não podemos viver apenas para nós mesmos, e seria muito injusto permitir a alguns de nós fugir, deixando atrás os demais que foram co-participantes em nossas ações, para serem imergidos num inferno de eterna duração.

A persistência da selvageria, a ascensão e queda de nações e civilizações, a total extinção de nações, tudo isso requer uma explicação que não pode ser encontrada em nenhuma parte, a não ser na reencarnação. A selvageria permanece em função de que ainda existem Egos cuja experiência é tão limitada que permanecem selvagens até hoje; esses Egos emergirão dentro de raças superiores quando se encontrarem preparados. As raças se extinguem porque os Egos já obtiveram toda a experiência que esse tipo de raça lhes oferece.

Por isso encontramos os índios de pele vermelha, as tribos do sul da África, os nativos da Ilha da Páscoa e outros, como exemplos de raças abandonadas pelos Egos avançados; e enquanto essas raças estão em processo de extinção, outras almas, que não desfrutaram ainda de uma vida mais elevada, encarnam nos corpos dessas raças, para usá-los com o propósito de adquirir a experiência que esse corpo racial possa dar-lhes. Uma raça não poderia surgir e repentinamente desaparecer. Vemos que esse não é o caso, mas a ciência não tem nenhuma explicação; ela simplesmente diz que esse é o fato, que as nações decaem. Mas nesta explicação não se leva em conta a existência do homem interno nem as leis recônditas, sutis e ocultas que se unificam para formar uma raça. A Teosofia explica que a energia acumulada tem que se gastar gradualmente, e por isso a reprodução dos corpos do caráter dessa raça seguirá adiante, embora os Egos não sejam mais compelidos a habitar corpos desse tipo, a menos que esses Egos sejam de um desenvolvimento igual ao da raça.

Por conseguinte, há uma época em que o conjunto total de Egos que fundaram uma raça, abandonam-na para ir a outro ambiente físico mais semelhante a eles. A economia da Natureza não permitirá que a raça física repentinamente se desvaneça, e assim, na ordem verdadeira da evolução, outros Egos menos avançados chegam e usam as formas ainda disponíveis para prolongar a produção de novos corpos, embora em menor número a cada século. Estes Egos menos avançados não podem manter-se no limite de capacidade do acúmulo de energias deixadas pelos outros Egos, e assim, enquanto o novo conjunto adquire tanta experiência quanto seja possível, a raça se extingue com o tempo, depois de passar por seu período de decadência. Esta é a explicação do que pode ser qualificado como selvagismo descendente, e nenhuma outra teoria poderá explicar esses fatos.

Os etnólogos têm pensado às vezes que as raças mais civilizadas exterminam as demais; mas de fato, isso é a consequência da grande diferença que existe entre os Egos que habitam o corpo da velha raça e a energia do corpo em si; as mulheres começam a se tornar estéreis, e deste modo, lentamente, mas com toda certeza, o número de mortes excede ao número de nascimentos. A própria China está no processo de declínio, e encontra-se agora num estado quase estacionário, precisamente antes do apressamento de sua queda.[10] Grandes civilizações como as do Egito e da Babilônia desapareceram porque as almas que as fundaram reencarnaram há tempos nas grandes nações conquistadoras da Europa e nos atuais continentes das Américas. Como nações e raças, essas almas têm reencarnado integralmente e tornado a nascer para fins mais elevados do que nunca. De todas as raças antigas, apenas a raça indo-ariana perdura ainda como preservadora das antigas doutrinas. Em dias vindouros ela se elevará outra vez a seus antigos píncaros de glória.

O aparecimento de gênios e de grandes mentes em famílias carentes destas qualidades, assim como a extinção dentro de uma família do gênio manifestado por um ancestral, somente podem ser explicados por meio da lei do renascimento. Napoleão I veio em uma família totalmente diferente dele quanto ao poder e à força. Nada em sua hereditariedade explicará seu caráter. Ele mesmo disse, segundo é contado nas *Memórias do Príncipe Talleyrand*, que ele foi o Imperador Carlos Magno. Somente deduzindo que ele teria vivido uma longa série de vida, que lhe proporcionou uma correta linha de evolução e fez com que sua mente, energia e força fossem reveladas, só assim nos é possível ter uma sutil ideia do motivo pelo qual ele ou outros grandes gênios apareceram. Mozart, quando era menino, podia compor partituras orquestrais. Isso não era devido à hereditariedade, porque tal partitura não é natural, mas sim

[10] Esses dados não estão atualizados, tendo em vista a data de publicação deste livro. (N. E.)

forçada, mecânica e inteiramente convencional; mas mesmo assim Mozart tinha o conhecimento sem prévia instrução. Como? Porque ele era um músico reencarnado, com um cérebro musical proporcionado por sua linha familiar, e, portanto, não impedido em seus esforços para expor seu talento musical. Porém, mais extraordinário ainda é o caso do cego Tom, um negro[11] cuja família não podia sob nenhum aspecto possuir conhecimento de piano, um instrumento moderno, como para poder transmitir esse conhecimento aos átomos de seu corpo; entretanto, ele tinha um grande talento musical e conhecia o mecanismo atual da escala musical do piano. Existem centenas de exemplos como esses entre os muitíssimos prodígios que têm aparecido para assombro do mundo. Na Índia encontram-se numerosas histórias de sábios que nasceram com um conhecimento completo de filosofia e coisas similares, e indubitavelmente o mesmo tem ocorrido em todas as nações.

Esta reminiscência do conhecimento explica também o instinto, porque este não é mais que o resultado de reminiscências divididas entre memória física e mental. Vê-se tanto na criança como no animal, e não é mais que o resultado de prévias experiências. E tanto faz se observamos o bebê recém-nascido estendendo seus bracinhos para assegurar sua própria proteção, ou o animal com seu grande poder instintivo, ou a abelha construindo uma célula do favo de mel com exatas regras geométricas, tudo

---

[11] Lamentavelmente, naquela época, em algumas regiões dos Estados Unidos, tudo parece indicar que os negros não tinham o direito de aprender a tocar piano. (N.E.)

isso é o efeito da reencarnação atuando por meio da mente ou da célula física, porque, de acordo com o que foi exposto anteriormente, nenhum átomo está isento de vida, de consciência e de inteligência própria.

No caso do grande músico Bach, temos a prova de que a hereditariedade não conta para nada se o Ego não é avançado, pois seu gênio não foi transmitido por seus descendentes e gradualmente se desvaneceu, abandonando por fim totalmente o seio da família. Assim também se explica o advento dos incapazes ou de filhos perversos em famílias cujos pais são honrados, puros ou intelectuais em grau máximo. Estes são casos nos quais a hereditariedade é desprezada por um Ego totalmente malvado e deficiente.

E, finalmente, o fato de que certas ideias essenciais são comuns à raça inteira é explicado pelos sábios como devido à lembrança comum de tais ideias, que foram implantadas na mente humana bem no começo de sua trajetória evolutiva neste planeta, por aqueles irmãos e sábios que aprenderam suas lições e se aperfeiçoaram em épocas passadas, muito antes de ter começado o desenvolvimento deste globo. Nenhuma explicação das ideias inerentes à raça é oferecida pela ciência, que possa conduzir a alguma outra coisa melhor que repetir: "elas existem". Estas ideias foram de fato ensinadas à massa de Egos que estão agora ocupados no processo da evolução da Terra, elas foram gravadas com caracteres de fogo em suas naturezas, e sempre recordadas. Essas ideias acompanham o Ego através de sua longa peregrinação.

Frequentemente se tem ensinado que a oposição à ideia de reencarnação tem sido exclusivamente baseada em preconceitos ou num dogma que somente se pode sustentar quando a mente esta acorrentada e impedida de executar seus próprios poderes. A reencarnação é a mais nobre das doutrinas, e juntamente com o *Karma*, é a única que dá as bases para a ética. Não há dúvida alguma em minha mente de que o fundador do Cristianismo tomou como certa a doutrina da reencarnação, e que sua ausência atual na religião cristã é a origem da contradição entre a ética que professam as nações cristãs e suas práticas atuais, que são tão contrárias à ética proclamada por Jesus.

CAPÍTULO 11

KARMA

Karma é uma palavra pouco familiar aos ouvidos dos ocidentais. Este é o nome adotado pelos teósofos do século XIX para designar uma das mais importantes leis da Natureza. Incessante em seu funcionamento, esta lei atua continuamente sobre planetas, sistemas planetários, raças, nações, famílias e indivíduos. Esta é a doutrina gêmea da reencarnação. Estas duas leis estão tão intrincadamente entrelaçadas, que é quase impossível tratar particularmente de uma das duas. Nenhum local, nem nenhum ser no Universo está isento da ação da Lei do *Karma*, porém todos estão sob sua influência, punidos pelos erros cometidos, mas beneficamente conduzidos através da disciplina, do repouso e da recompensa, até os remotos cumes da perfeição. É uma lei de tão amplo alcance, abarcando simultaneamente nosso ser material e moral, que somente com a ajuda de muitas interpretações e explicações pode alguém transmitir seu significado em nosso próprio idioma. Por essa razão, o termo sânscrito *Karma* foi adotado para designá-la.

Aplicada à vida moral do homem, esta é a lei da causalidade ética, de justiça, de recompensa e de punição; a causa do nascimento e do renascimento; mas ao mesmo tempo é o instrumento para livrar-se da reencarnação. Examinada de outro ponto de vista, o *Karma* é meramente o efeito que emana de uma causa, a ação e sua reação, o resultado exato de cada pensamento e de cada ação. É o ato e o resultado do ato, porque o significado literal da palavra é "ação". A Teosofia contempla o Universo como um todo inteligente; portanto, todo movimento no Universo é uma ação desse todo conduzindo a resultados, os quais convertem-se nas causas de resultados ulteriores. Vendo isso amplamente, os antigos hindus disseram que todos os seres, até o próprio *Brahmā*, estão sob o domínio do *Karma*.

Karma não é um ser, mas uma Lei; a Lei universal da harmonia, que restitui infalivelmente todo distúrbio ao equilíbrio. Nisso a teoria está em conflito com a ideia ordinária acerca de Deus, baseada no sistema judaico, a qual concebe que o Todo-Poderoso, como uma entidade pensante, externa ao Cosmos, constrói, julga sua própria construção como desarmônica, desproporcional, errática e desordenada, e então se sente compelido a derrubar, destruir ou punir aqueles que Ele mesmo criou. Este conceito tem obrigado milhares de pessoas a viver no temor de Deus - segundo as supostas ordens Dele - com o objetivo egoísta de obter recompensa e conseguir escapar de sua ira; a outros lançou no abismo tenebroso que surge da negação de toda vida espiritual. Porém, como todo ser humano reconhece claramente, ou melhor, penosamente, que há uma destruição constante dentro e em volta de nós, uma luta contínua não só entre os homens, mas em todas as partes, através de todo o Sistema Solar, causando sofrimento em todas as direções, a razão requer uma solução do enigma.

Os pobres, que não encontram refúgio nem esperança, imploram a gritos a um Deus que jamais responde, e é assim que a inveja surge dentro deles quando observam o bem-estar e as oportunidades dos ricos. Eles veem os ricos tolos e extravagantes divertindo-se e desfrutando impunemente. Voltando-se aos instrutores religiosos, em sua indagação concernente à justiça que permite tal miséria a seres que nada fizeram para merecer ou ter nascido sem recursos, sem oportunidade de educação, sem capacidade intelectual de transcender os obstáculos sociais, raciais ou circunstanciais, eles recebem a resposta de que "Essa é a vontade de Deus". Pais que geram filhos bem-amados que são ceifados pela morte em horas prematuras, justo quando tudo ia bem. Eles tampouco recebem nenhuma outra resposta à pergunta : "Por que estou assim aflito?", mas somente a mesma referência ilógica a um Deus inacessível cuja vontade arbitrária é a causa de seus sofrimentos. E assim, em todas as circunstâncias da vida, a perda, a ferida, a perseguição, a carência de oportunidades, as próprias forças da Natureza destroçando a felicidade do homem, a morte, as vicissitudes, as desilusões, continuamente assediam os homens bons e maus. Porém, em parte alguma encontra-se uma resposta correta ou um alívio, exceto na antiga verdade de que cada homem é o criador e arquiteto de seu próprio destino; o único que põe em movimento as causas de sua própria felicidade e miséria. Numa vida ele semeia e na seguinte colhe sua recompensa. Assim, pois, e para sempre, a Lei do *Karma* conduz e guia o homem.

O *Karma* é uma lei benéfica e inteiramente compassiva, implacavelmente justa, porque a misericórdia verdadeira não é favor, mas justiça imparcial.

> "Irmãos meus! A vida de cada homem
> é consequência de seu viver anterior.
> Os erros passados trazem pesares e infortúnios.
> O bom passado traz bem-aventuranças...!
> Esta é a doutrina do *Karma*." [12]

Como a vida atual é afetada pelos atos errados e certos do passado? Será sempre através de punição? É o *Karma* simplesmente o destino sob outro nome, um destino previamente assinalado e formulado, do qual não há escape possível, e que, portanto, poderia nos levar a ser descuidados com a ação ou o pensamento, já que o destino não pode ser mudado? O *Karma* não é fatalismo. Todos os atos cometidos num corpo anterior têm consequências que na nova encarnação o Ego há de desfrutar ou de sofrer, porque, conforme disse São Paulo: "Meus irmãos, não vos enganeis; Deus jamais é ludibriado, porque seja o que for que o homem semear, isso mesmo há de colher". Porque o efeito está já na causa, e o *Karma* produz a manifestação disso no corpo, no cérebro e na mente, proporcionados pela reencarnação; e as-

[12] ARNOLD, Edwin, *A Luz da Ásia*, Editora Teosófica, Brasília, 2011. (N.E.)

sim como uma causa criada por uma pessoa está especialmente relacionada a ela como a origem da qual esta surgiu, de igual maneira cada qual experimenta os resultados de suas próprias ações. Às vezes nos parece que recebemos os efeitos unicamente das ações de outros; mas isso é o resultado de nossas próprias ações e pensamentos na presente ou em alguma vida prévia. Sempre executamos nossas ações em associação com outros, e esses atos, junto com seus pensamentos subjacentes, estão sempre relacionados com outras pessoas além de nós mesmos.

Não há ação alguma executada que originalmente não tenha um pensamento em sua raiz, seja no momento mesmo de sua execução ou no caminho para ela. Esses pensamentos estão alojados nessa parte do homem denominada *Manas* – a mente –, e ali permanecem como elos sutis, mas poderosos, com fios magnéticos que entretecem o Sistema Solar, e através deles vários efeitos são manifestados. A teoria sustentada nas páginas anteriores, de que o sistema completo, ao qual este globo pertence, está vivo e consciente em cada plano, ainda que mostrando autoconsciência somente no homem; entra em jogo aqui para explicar como o pensamento que gera a ação nesta vida pode ter consequências nesta ou numa próxima encarnação. Os maravilhosos experimentos modernos do hipnotismo demonstram que a mais leve impressão, não importa que tenha ocorrido num passado distante na história da pessoa, pode apresentar-se em sua vida atual, comprovando assim que essas impressões não se perdem, mas permanecem latentes.

Tome-se por exemplo o caso de uma criança que nasce corcunda e muito pequena de estatura, a cabeça sumida entre os ombros, os braços longos e as pernas curtas. Por que isso acontece? É o seu *Karma*, por pensamentos e atos numa vida anterior. Provavelmente feriu algum portador de necessidades especiais com tanta persistência ou violência a ponto de gravar, em sua própria mente imortal, a imagem disforme de sua vítima. Pois, em proporção à intensidade de seu pensamento será a intensidade e a profundidade da imagem. Isto é exatamente similar à exposição da placa fotográfica que, de acordo com a exposição longa ou curta, a impressão sobre a placa será intensa ou fraca. Assim, este pensador e ator – o Ego –, ao regressar ao nascimento, traz consigo está imagem, e se a família à qual ele é atraído ao encarnar tem tendências físicas similares em seus genes, a imagem mental induz o corpo astral, em vias de desenvolvimento morfológico, a tomar um aspecto disforme por osmose eletromagnética através da mãe. E como todos os seres sobre a Terra estão indissoluvelmente entrelaçados, com relação à pessoa que é portadora de uma necessidade especial, isso é também *Karma* de seus pais e a consequência exata das ações e dos pensamentos similares de sua parte durante outra vida. Aqui temos, pois, uma justiça tão precisa como nenhuma outra teoria pode nos oferecer.

Com o intuito de elucidar esse exemplo, devemos observar que com frequência vemos um ser humano portador de necessidade especial possuindo uma disposição feliz e amável, de grande talento, bom senso, e toda classe de boas qualidades morais;

esse mesmo exemplo nos leva à conclusão de que o *Karma* deve ser de vários tipos diferentes em cada caso individual, e também opera, evidentemente, em mais de um aspecto ou subdivisão de nosso ser, com a possibilidade de produzir efeitos benéficos numa parte de nossa natureza e desagradáveis noutra.

Existem três classes de *Karma*:

Primeiro – O *Karma* que não começou a produzir nenhum efeito em nossa vida, devido ao funcionamento atual de algumas outras causas *kármicas*. Isso acontece sob uma lei bem conhecida entre os físicos, que duas potências opostas propendem a neutralizar-se e que uma das forças pode ser suficientemente poderosa como para impedir interinamente o funcionamento da outra. Esta lei opera nas esferas invisíveis, mentais e *kármicas* do ser, assim como nos planos materiais. A força de um certo grupo de faculdades físicas, mentais e psíquicas, com suas tendências correspondentes, podem impedir totalmente a operação em nós das causas com as quais estamos conectados, porque a natureza inteira de cada pessoa toma parte na execução desta lei. Assim é que os fracos e medíocres fornecem um foco débil para o *Karma*, e neles o resultado geral do curso de uma vida é limitado, embora eles possam considerar o *Karma* pesado. Porém, a pessoa que tem um caráter amplo e profundo e muito vigor sentirá os efeitos do funcionamento de uma dose maior de *Karma* que a pessoa de um caráter mais fraco.

Segundo – O *Karma* que nós estamos gerando agora ou acumulando com nossos pensamentos e ações, e que operará no futuro, quando o corpo, a mente e o ambiente apropriados forem adquiridos pelo Ego encarnante em alguma outra vida, ou quando o *Karma* obstaculizante for eliminado.

Isso pesa tanto na vida presente como na próxima. Porque alguém nesta vida pode chegar a um ponto em que, estando as causas anteriores já cumpridas, o *Karma* novo e o que está pendente devem começar a operar.

Sob esta categoria há os casos em que as pessoas têm reveses súbitos de sucesso, ou mudanças para melhor nas circunstâncias ou no caráter. Um fator muito importante com relação a isso é a nossa presente conduta. Enquanto o *Karma* do passado deve esgotar-se e não pode ser detido, é sábio para o homem pensar e agir de tal forma sob as circunstâncias atuais, sem importar quais sejam, que ele não crie novas causas nocivas ou prejudiciais para o próximo renascimento ou para anos mais avançados da encarnação em curso. A rebelião é inútil, porque a lei atua, quer nos lamentemos ou nos regozijemos. De Lesseps, o grande engenheiro francês, é um excelente exemplo desta classe de *Karma*. Elevado a um pináculo de glória e de proeza durante muitos anos de sua vida, cai repentinamente na ignomínia, como consequência do escândalo relativo ao Canal do Panamá. Ainda que tenha sido inocente ou culpado, ele experimenta a vergonha de ver seu nome ligado a uma empresa nacional totalmente manchada pelo suborno e a corrupção, envolvendo altos funcionários públicos. Isso se deveu à operação de velhas causas *kármicas* que atuaram sobre ele, no mesmo momento em que essas outras causas que haviam governado seus anos anteriores foram esgotadas. Napoleão I é outro protótipo, porque também alcançou um grau muito alto de glória, mas subitamente caiu e morreu no desterro e na desgraça. Muitos outros casos chegarão ao conhecimento de todo leitor reflexivo.

Terceiro – O *Karma* que começou a produzir resultados. O *Karma* que está operante em nós agora, nesta vida, resultado de causas em vidas anteriores em companhia de outros Egos. E está operante agora porque, sendo o mais adaptado à genealogia familiar, ao corpo individual, corpo astral e às tendências da encarnação presente, esse *Karma* manifesta-se claramente, enquanto que outro *Karma,* ainda em reserva, aguarda seu turno natural.

Estas três classes de *Karma* governam os homens, os animais, os mundos e os períodos de evolução. Cada efeito emana de uma causa precedente, e como todos os seres renascem constantemente, eles estão continuamente experimentando os efeitos dos seus pensamentos e ações (dos quais eles mesmos são as causas) em uma encarnação anterior. E assim, como diz São Mateus, cada um responde por cada palavra e por cada pensamento; ninguém pode escapar por meio de preces, nem de favores, nem de força, nem de nenhum outro intermediário.

Agora, como as causas *kármicas* se dividem em três classes, as mesmas devem ter campos diversos para sua operação. Essas causas operam sobre o homem em sua natureza mental e intelectual, em sua natureza psíquica ou da alma, e em seu corpo e circunstâncias. A natureza espiritual do homem jamais é afetada ou governada pelo *Karma*.

Um tipo de *Karma* pode atuar simultaneamente e com a mesma intensidade sobre os três planos mencionados de nossa natureza, ou pode ser que haja uma mescla de causas, algumas sobre um dos planos, as outras sobre outro. Tomemos o caso de uma pessoa portadora de necessidade especial que possui uma boa mente e uma deficiência na natureza de sua alma. Neste caso, um *Karma* punitivo ou desagradável está operando sobre seu corpo, enquanto que em sua natureza mental e intelectual, um *Karma* bom está sendo experenciado; porém psiquicamente, o *Karma* ou a causa, sendo de uma classe indiferente, desenvolve um resultado indiferente. Em outras pessoas aparecem outras combinações. A pessoa tem um bom corpo e desfruta de circunstâncias favoráveis, mas seu caráter taciturno, impaciente, irritável, vingativo, mórbido e desagradável, tanto para si mesmo como para os que a rodeiam. Neste caso, um bom *Karma* corporal está em operação com um mau *Karma* mental, intelectual e psíquico. Casos individuais virão à memória dos leitores acerca de pessoas nascidas numa posição eminente, com todas as oportunidades e poderes que se possam desejar e que não obstante são tolos ou perdem de repente suas faculdades mentais.

E assim, como todos estes aspectos da lei *kármica* têm predomínio sobre o homem individual, de igual modo esses aspectos funcionam sobre as raças, as nações e as famílias. Cada raça tem seu

Karma em conjunto. Se o *Karma* é bom, essa raça caminha para a frente; porém, se o *Karma* é mau, ela é aniquilada como uma raça, embora as almas que a constituem recomecem seu *Karma* em outras raças e em outros corpos. As nações não podem fugir de seu *Karma* nacional, e qualquer nação que tenha atuado iniquamente sofrerá consequências algum dia, mais cedo ou mais tarde. O *Karma* do Ocidente do século dezenove é o *Karma* de Israel, porque mesmo um iniciante pode ver que a influência mosaica é a mais preponderante nas nações europeias e americanas. Os antigos astecas e outras antigas raças das Américas extinguiram-se, porque seu próprio *Karma* – o resultado de suas próprias vidas como nações no passado – precipitou-se sobre eles e os aniquilou. Com referência às nações, este duro processo do *Karma* manifesta-se sempre através da fome, guerra, dos cataclismos da Natureza e da esterilidade das mulheres dessas nações. Esta última causa prevalece quase ao final da jornada e varre todo o remanescente de sobreviventes. O indivíduo que toma parte de uma raça ou de uma nação é prevenido por esta grande doutrina de que se ele cai na indiferença de pensamento e ação, amoldando-se desta maneira dentro da média geral *kármica* de sua raça ou de sua nação, esse *Karma* nacional e racial o arrastará finalmente para o destino geral. É por isso que os instrutores de antigamente exclamaram: "Saí do meio deles e apartai-vos".

Junto com a reencarnação, a doutrina do *Karma* explica a miséria e o sofrimento do mundo, e nenhum espaço é deixado para acusar a Natureza de injustiça.

O sofrimento de toda nação ou raça é o resultado imediato dos pensamentos e das ações dos Egos que compõem essa raça ou nação. No obscuro passado, esses Egos se comportaram perversamente e agora sofrem; pois sucede que violaram as leis de harmonia. A lei imutável é que a harmonia tem que ser restabelecida uma vez que seja violada. Assim, esses Egos sofrem durante o processo de compensação e de estabilização do equilíbrio do Cosmos oculto. Todo o conjunto de Egos deve continuar encarnando e reencarnando nessa nação ou nessa raça, até que todos tenham esgotado completamente as causas *kármicas* semeadas.

Embora a nação por um intervalo de tempo possa desaparecer como uma coisa física, os Egos que a desenvolveram não abandonam as esferas do mundo, mas emergem de novo como os construtores de uma nova nação, dentro da qual devem continuar seu trabalho e aceitar sua punição ou recompensa, de acordo com seu *Karma*.

Os egípcios da antiguidade oferecem um exemplo desta lei. Eles se elevaram certamente a um alto grau de desenvolvimento, e igualmente foram extintos como nação. Mas as almas – os antigos Egos – sobreviveram e agora estão realizando seu próprio e merecido destino em alguma nação de nossa época. Eles podem fazer parte da nova nação americana; e os judeus, predestinados a rodar pelo mundo e a sofrer muito nas mãos de outros. Este processo é perfeitamente justo. Tomemos como exemplo os Estados Unidos da América e os índios peles-vermelhas: estes últimos têm sido tratados ignominiosamente pela nação norte-americana. Os Egos dos índios serão reincorporados nas famílias destes novos conquistadores, e, como membros dessa grande família, eles próprios serão os instrumentos para induzir os devidos resultados para tais atos, como os perpetrados contra eles quando seus corpos eram dos peles-vermelhas. Assim, isso aconteceu antes, e acontecerá novamente.

A infelicidade individual durante uma vida qualquer se explica desta maneira: a) a infelicidade é a punição merecida pelas más ações cometidas em vidas passadas; ou (b) é uma disciplina retomada pelo Ego com o propósito de eliminar os defeitos ou de adquirir fortaleza e compaixão. Uma vez que os defeitos são eliminados, é como eliminar a obstrução num canal de irrigação, que então deixa a água circular. A felicidade se explica da mesma maneira: como o resultado de vidas passadas virtuosas.

A autoconvincente base científica da verdadeira ética encontra-se nestas duas doutrinas anteriormente citadas, e em nenhuma outra. Pois se a ética verdadeira é praticada tão somente por si mesma, os homens não veriam o motivo, e não poderiam discernir jamais a razão pela qual devem durante sua vida praticar unicamente o bem. Se os princípios éticos serão obedecidos apenas por temor a represálias, o homem se degradará, e certamente fugirá; se o amparo do Todo-Poderoso, não baseado na lei ou na justiça, for a razão, teremos então precisamente o que prevalece hoje – um código dado por Jesus ao

Ocidente, professado pelas nações, mas não praticado, exceto por alguns seres que seriam virtuosos de todo jeito.

Sobre este assunto, Adeptos escreveram o seguinte, que encontramos em *A Doutrina Secreta*: [13]

> "Não seriam os meios do *Karma* inescrutáveis se os homens trabalhassem com união e harmonia, ao invés de desunião e luta. Em função de nossa ignorância, uma parte da humanidade os chama de caminhos escuros e intricados da Providência, outra vê neles a ação de um cego fatalismo, e uma terceira, a simples casualidade, sem Deuses nem Demônios a guiá-las. Nossa ignorância seguramente desapareceria se a atribuíssemos tudo isso à sua correta causa. Com conhecimento certo, ou pelo menos com uma convicção firme de que nossos próximos não se esforçariam em causar-nos mais danos do que aqueles que pensamos em lhes causar, dois terços do mal no mundo se desvaneceriam. Se nenhum homem prejudicar seu irmão, *Karma-Nêmesis* não teria nem motivo nem armas para atuar... Com nossas próprias mãos traçamos diariamente as tortuosidades de nosso destino, ao mesmo tempo que acreditamos estar seguindo a linha reta no caminho da respeitabilidade e do dever, e então nos queixamos porque tais caminhos são tão obscuros e intrincados. Ficamos perplexos diante do mistério de nossa própria criação e enigmas da vida *que não queremos resolver*, e então acusamos a grande esfinge de nos devorar. Mas,

[13] BLAVATSKY, Helena Petrovna. *A Doutrina Secreta*, Vol. I. (N.E.)

em verdade, não existe um só acidente em nossas vidas, nem um dia malsucedido, nem um infortúnio, cuja causa não possa ser atribuída a nossas próprias ações nesta ou em outra vida...

> ... O conhecimento do *Karma* dá a convicção de que
>
> "... a virtude na dor e o vício em triunfo
> tornam a humanidade ateia,"

– é somente porque a Humanidade cerrou os olhos à grande verdade de que o homem é seu próprio salvador e seu próprio destruidor; e que ele não tem que acusar ao Céu nem aos Deuses, ao Destino ou à Providência, da injustiça aparente que reina na humanidade; mas antes precisa lembrar presente e repetir o seguinte fragmento da sabedoria grega que adverte o homem no sentido de que evite acusar Aquele que –

> "Justo, embora misterioso, nos conduz
> infalivelmente
> por caminhos desconhecidos, da culpa à
> punição..."

– que são hoje os caminhos pelos quais avançam as grandes nações europeias. Cada nação e tribo dos arianos ocidentais, assim como seus irmãos orientais da Quinta Raça, tiveram, sua Idade de Ouro e sua Idade de Ferro, seu período de comparativa irresponsabilidade, ou sua Idade de *Satya*, de pureza, e agora várias delas alcançaram sua Idade de Ferro, o *Kali Yuga*, uma idade ENEGRECIDA DE HORRORES...

... Esta situação continuará... até que comecemos a atuar de acordo com nossa natureza *interna*, em lugar de nos submetermos aos impulsos que procedem do *exterior*... Até então, o único paliativo para os males da vida é a união e a harmonia – uma Fraternidade *IN ACTU,* e um *altruísmo* não simplesmente de palavra."

CAPÍTULO 12

KĀMA-LOKA

Consideremos agora os estados do homem depois da morte do corpo físico e antes do nascimento, tendo já examinado de uma maneira geral todo o campo da evolução das coisas e dos seres. Isso de imediato suscita as seguintes perguntas: Existe algum céu ou inferno, e o que são esses? São estados ou lugares? Há um lugar no espaço onde os mesmos possam ser localizados e para os quais vamos, ou de onde viemos? Devemos também retroceder ao tema do quarto princípio da constituição do homem, ou seja, o dos desejos e das paixões, que no idioma sânscrito se denomina *Kāma*. Tendo em mente o que se disse acerca desse princípio, e também a teoria relacionada do corpo astral e da luz astral, será mais fácil compreender os ensinamentos sobre estes dois estados, o *ante-mortem* e o *post-mortem*. Em ordem cronológica, vejamos o *Kāma-Loka* – ou o plano do desejo – primeiro sobre a morte do corpo, e então os princípios superiores, o homem real, que entra no estado de *Devachan*. Depois de ter discutido o tema *Kāma-Loka*, será mais fácil investigar o *Devachan*.

A respiração cessa no corpo, e dizemos que o homem está morto, mas isso é só o começo da morte, porque esta prossegue seu curso em outros planos. Quando a forma corporal está rígida e os olhos fechados, todas as forças do corpo e da mente se precipitam através do cérebro, e, por meio de uma série de imagens, a vida inteira recém-terminada fica indelevelmente gravada no homem interno, não somente numa forma geral, mas o menor detalhe e até a impressão mais minuciosa e fugaz. Neste momento, toda indicação leva o médico a anunciar a morte, e ainda que para todas as intenções e propósitos a pessoa esteja morta para essa vida, o homem real está atuando intensamente no cérebro, e até que esta tarefa esteja terminada não deveria dizer-se que a pessoa realmente tenha falecido. Quando este trabalho solene está terminado, o corpo astral se desprende do corpo físico, e como a energia vital se separou, os cinco princípios restantes logo se encontram dentro do *Kāma-Loka.*

A separação natural dos princípios, ocasionada pela morte física, divide o homem em três partes:

Primeiro: O corpo visível, com todos os seus elementos, é abandonado para sua posterior desintegração no Plano Terrestre, onde tudo de que é composto a seu tempo será dissolvido nos diferentes departamentos da Natureza.

Segundo: O *Kāma-Rūpa*, que se compõe do corpo astral e das paixões e desejos, que imediatamente também começam a desagregar-se no Plano Astral.

Terceiro: O homem verdadeiro, a suprema Tríade *Ātmā-Buddhi-Manas,* imortal, agora fora das condições terrestres e desprovido de corpo físico, começa sua função no *Devachan* apenas como uma mente coberta com uma vestidura muito etérea, a qual ele descartará quando lhe chegar a hora do retorno à esfera terrestre.

O *Kāma-Loka*, ou a sede dos desejos, é a região astral que penetra e circunda a Terra. Como localidade, *Kāma-Loka* encontra-se sobre e ao redor da Terra. Sua extensão alcança uma distância definida sobre a Terra, mas as leis ordinárias que aqui prevalecem não vigoram ali, e as entidades que ali dentro residem não estão sujeitas às mesmas condições que nós com relação ao espaço e ao tempo. Como um estado, ele é metafísico, embora o metafísico refira-se ao Plano Astral. Tem sido chamado o plano do desejo porque se relaciona com o Quarto Princípio, e nele a força predominante é a do desejo destituído e divorciado da inteligência. *Kāma-Loka* é uma esfera astral intermediária entre a vida terrestre e a celeste.

Sem dúvida alguma, esta é a origem da doutrina cristã do purgatório, onde a alma sofre sua penitência pelos pecados cometidos e dos quais pode ser redimida por meio de preces e outras cerimônias ou oferendas. O fato subjacente a esta superstição é que a alma pode ser retida no *Kāma-Loka* pela enorme força de algum desejo ainda não satisfeito, motivo pelo qual não pode liberar-se da vestidura astral e *kámica*, até que tal desejo tenha sido satisfeito por algum outro ser sobre a Terra ou pela própria alma. Porém, se a pessoa tinha uma mente pura e aspirações elevadas, a separação dos princípios sobre esse plano se completa com rapidez, permitindo desta maneira que a tríade superior entre no Plano do *Devachan*. Esta esfera [*Kāma-Loka*] é puramente astral e participa da natureza da matéria astral, a qual é essencialmente terrestre e maldosa, e onde todas as forças funcionam sem ser dirigidas pela alma ou pela consciência.

Kāma-Loka é, por assim dizer, o fosso de escórias da grande fornalha da vida, onde a Natureza provê os meios para a eliminação dos elementos que não terão lugar no *Devachan*, e por essa razão deve haver diversos níveis ou graus em *Kāma-Loka*, cada um dos quais foi observado pelos antigos. No idioma sânscrito foi dado a estes graus o nome de *Lokas*, ou lugares no sentido metafísico.

A vida humana é muito variada no que toca ao caráter e a outras potencialidades, e por cada uma destas características se provê o lugar apropriado após a morte, convertendo-se desta maneira o *Kāma-Loka* numa esfera infinitamente variada. Durante a vida, algumas das diferenças que existem entre os homens são modificadas e outras inibidas por uma similaridade de corpo e traços hereditários; mas em *Kāma-Loka*, todas as paixões e desejos escondidos são liberados em consequência da ausência do corpo físico, e por essa razão esse estado é muito mais diversificado que o plano da vida física. Não só e necessário considerar as variedades e diferenças naturais, como também as ocasionadas pela maneira de morrer, acerca da qual se fará referência mais adiante.

Todas estas divisões não são senão o resultado natural dos pensamentos da vida e dos últimos pensamentos das pessoas que morrem sobre a Terra.

Fornecer uma descrição de todos estes níveis ultrapassa os limites desta obra, já que seriam necessários vários volumes para descrevê-los e, além do mais, poucos o compreenderiam.

Ao tratarmos do tema do *Kāma-Loka,* nos vemos obrigados a tratar também do Quarto Princípio na classificação da constituição do homem, e isso cria um conflito com as ideias e educação modernas acerca dos desejos e das paixões. Geralmente se supõe que estes desejos e paixões são tendências inatas no indivíduo, e, no estudante comum, oferecem uma aparência inteiramente vaga e irreal. Contudo, neste sistema filosófico, as paixões e os desejos não são inerentes simplesmente ao indivíduo, nem tampouco são causados pelo próprio corpo. Enquanto o homem reside na Terra, os desejos e as paixões – ou seja, o princípio *Kāma* – não têm vida separada do corpo astral e do homem interno, estando, por assim dizer, espalhados através do seu ser. Porém, assim que essas tendências unem-se com o corpo astral depois da morte, e então formam uma entidade com seu próprio prazo de vida, embora sem a alma, surgem importantes questões.

Durante a vida terrena, os desejos e as paixões estão guiados pela mente e pela alma; depois da morte funcionam sem a direção de seu anterior mestre. Enquanto vivemos, somos responsáveis por essas tendências e por seus efeitos, e quando abandonamos esta vida continuamos sendo responsáveis, porque estas paixões continuam funcionando e produzindo efeitos sobre outros seres enquanto durarem como a entidade antes descrita, embora sem nossa condução direta. Nisso se reconhece a continuação de nossa responsabilidade. Essas paixões e desejos formam parte dos *Skandhas* – bem conhecidos na Filosofia Oriental –, os quais são os agregados que constituem o homem. O corpo físico inclui um grupo de *Skandhas*, o homem astral outro, o princípio *Kāma* é outro grupo, e ainda outros mais que pertencem a outras partes. Em *Kāma* encontram-se os *Skandhas* realmente ativos e importantes, os que controlam os renascimentos e conduzem a todas as variedades de vida e circunstâncias de cada renascimento. Estes estão sendo produzidos a cada dia, de acordo com a lei de que cada pensamento combina-se instantaneamente com uma das forças elementais da Natureza, convertendo-se, até certo ponto, numa entidade que perdurará tanto quanto a intensidade do pensamento no momento em que deixa o cérebro, e todas estas entidades ficam irremediavelmente conectadas com o ser que as criou. Não existe nenhum meio de escapar; a única coisa que podemos fazer é gerar pensamentos de boa qualidade, porque nem mesmo os mais elevados Mestres estão isentos dessa Lei, só que eles "povoam sua corrente no espaço" com poderosas entidades capazes unicamente do bem.

Agora, em *Kāma-Loka,* este conjunto de desejos e pensamentos segue existindo definitivamente até sua desintegração total, e então o remanescente consiste na essência desses *Skandhas*, conectados naturalmente com o ser que os gerou. A eliminação destes *Skandhas* é tão impossível como apagar o Universo. Portanto, é dito que esses permanecem até que o ser emerge do estado de *Devachan* e então, instantaneamente e de acordo com a lei da atração, os *Skandhas* são atraídos para o ser, que, com tais *Skandhas* como germens ou base, elabora para a nova encarnação uma nova série de *Skandhas*. *Kāma-Loka*, assim, distingue-se do Plano Terrestre pela existência ali de massas de paixões e desejos sem controle nem guia; porém, ao mesmo tempo, a vida terrestre é também um *Kāma-Loka*, posto que está governada principalmente pelo princípio de *Kāma*, e continuará sendo assim até uma data remota no curso da evolução em que as raças dos homens terão desenvolvido os princípios quinto e sexto de sua natureza, deslocando o princípio *Kāma* para sua própria esfera de ação, liberando assim a vida terrena de sua influência.

O homem astral no Plano de *Kāma-Loka* é simplesmente um cascão sem alma e sem mente, sem consciência, assim como também incapaz de atuar, a não ser que seja vivificado por forças ou poderes fora deste. Tem o que aparenta ser uma consciência animal ou automática que se deve, inteiramente, à associação muito recente com o Ego humano. Porque de acordo com os princípios apresentados em outro capítulo, cada um dos átomos que fazem parte do homem possui uma memória capaz de durar por um período de tempo proporcional ao ímpeto que lhe foi dado. No caso de uma pessoa muito materialista e grosseira ou egoísta, o ímpeto predomina por um tempo mais longo que em qualquer outra, e, por conseguinte, nesse caso a consciência automática parecerá mais definida e desorientadora para quem, sem conhecimento do assunto, tenha interesse pela necromancia. A parte puramente astral desse cascão contém e leva os anais de tudo que ocorreu em presença da pessoa quando vivia, porque uma das propriedades da substância astral é a de absorver todas as cenas e imagens e as impressões de todos os pensamentos, e retê-los e projetá-los por reflexo quando as condições o permitem. Esta casca astral, deixada por todo ser humano em seu falecimento, seria uma ameaça para todos os homens, se não fosse desprovida em todos os casos - com uma única exceção que se mencionará mais adiante - dos princípios superiores que são os dirigentes. Porém, encontrando-se esses princípios dirigentes desunidos do cascão, este flutua de um lugar a outro, sem nenhuma vontade própria, mas governado inteiramente por atrações nos campos astrais e magnéticos.

É possível para o homem real - chamado de espírito por alguns -, comunicar-se conosco imediatamente após a morte e só por uns breves instantes, mas, quando estes passam, a alma não tem o que fazer com a vida terrestre, até o momento de sua subsequente reencarnação. O que pode e em realidade influencia os sensitivos e os médiuns, desde esta esfera astral, são os cascões anteriormente descritos. Sem alma e consciência, estes cascões astrais não são, sob nenhuma hipótese, os espíritos de nossos falecidos. Eles são roupagens expelidas pelo homem interno, a parte grosseira descartada pela alma durante o voo para o *Devachan*, e por essa razão são considerados pelos antigos como demônios - nossos demônios pessoais - por serem essencialmente astrais, terrestres e passionais. Em realidade, seria surpreendente se este cascão, depois de haver sido por tantos anos o veículo do homem verdadeiro sobre a Terra, não retivesse uma memória e consciência automáticas. Como podemos observar, o corpo decapitado de uma rã ou galinha, por um certo tempo, pode atuar e mover-se com uma inteligência aparente; por que não poderia ser possível, para a forma astral, ainda mais sutil, e delicada, atuar e mover-se com uma aparência muito maior de direção mental?

Existentes na esfera de *Kāma-Loka,* como certamente também em todas as partes do Globo e do Sistema Solar, estão os elementais ou forças da Natureza, que são inumeráveis e suas subdivisões quase infinitas, sendo, em certo sentido, como os nervos da Natureza. Cada classe tem sua própria função ou trabalho, assim como o tem cada elemento ou cada coisa na Natureza. Da mesma maneira que o fogo queima e a água corre ladeira abaixo e não acima, de acordo com sua própria lei natural, do mesmo modo os elementais atuam e funcionam sob uma lei, mas como se encontram num grau de evolução mais elevado que o do fogo, e da água de nosso ambiente, a ação desses elementais parece guiada pela mente. Alguns deles têm uma especial relação com as atividades mentais e com o funcionamento dos órgãos astrais, estejam estes órgãos unidos ou não a um corpo físico.

Quando um médium forma o canal, e também no caso de outro tipo de coordenações naturais, estes elementos estabelecem uma conexão artificial com o cascão astral de uma pessoa falecida, com a ajuda do fluido nervoso do médium e de outras pessoas que o rodeiam; o cascão se galvaniza e adquire uma vida artificial. Através do médium se estabelece então uma conexão com as forças físicas e psíquicas de todos os presentes. Velhas impressões latentes no corpo astral transferem as imagens para a mente do médium, as velhas paixões se acendem. Numerosas mensagens e relatos são obtidos por meio deste processo, mas nem uma só dessas mensagens é original; nem uma só vem do espírito. Por sua estranheza, e em consequência da ignorância das pessoas que frequentemente se envolvem nessas práticas, esta experiência é tomada erroneamente como obra do espírito, mas toda ela procede de seres vivos, quando não simplesmente de fragmentos recolhidos na luz astral, obtendo-se imagens do que já ocorreu no passado. Em certos casos, que serão citados, encontra-se uma inteligência atuando que é total e intensamente perversa, à qual todo médium está exposto, o que explica por que tantos desses médiuns tem sucumbido ao mal, segundo eles próprios têm confessado.

Uma breve classificação destes cascões que visitam e influem nos médiuns é dada a seguir.

1. Os cascões das pessoas recentemente falecidas, cuja sepultura encontra-se a uma distância não muito grande. Os cascões desta classe serão completamente coerentes, de acordo com a vida e os pensamentos de seus donos anteriores. Uma pessoa não materialista, boa e espiritualizada, expele um cascão que rapidamente se desagrega. O cascão de uma pessoa grosseira, vil, egoísta e materialista será pesado, consistente e de vida longa; e assim sucessivamente com todas as variedades.

2. Os cascões das pessoas que tenham falecido a uma distância grande do lugar onde o médium se encontra. O transcurso do tempo permite a tais cascões escaparem das imediações de seus velhos corpos, e ao mesmo tempo induz a um grau mais rápido de desintegração, o qual corresponde, no Plano Astral, à putrefação do físico. Estes cascões são indistintos, tenebrosos e incoerentes; respondem brevemente ao estímulo psíquico, e são facilmente movidos por qualquer corrente magnética. Eles são galvanizados por um instante pelas correntes astrais do médium e das pessoas que tomam parte na sessão e são parentes do morto.

3. Os restos puramente nebulosos dificilmente podem ser classificados. Não existem vocábulos em nosso idioma para descrevê-los, embora tais restos sejam realidades nesta esfera. Poderia se dizer que esses restos nebulosos são meramente o molde ou a impressão deixada na matéria astral do que foi uma vez o cascão coerente e já por longo tempo desintegrado. Estes estão, portanto, tão próximos de serem considerados fictícios, que quase merecem essa designação. Tais fotografias nebulosas são amplificadas, decoradas, e dotadas de vida imaginária pelos pensamentos, desejos, esperanças e imaginações dos médiuns e dos assistentes de sessões de alguns movimentos espiritualistas.

4. As entidades definidas e coerentes, almas humanas despojadas do vínculo espiritual, dirigindo-se agora para baixo, ao pior de todos os estados, o *Avitchi*, onde a aniquilação da personalidade é o fim. Estas entidades são conhecidas como magos negros.

Tendo centralizado sua consciência no princípio de *Kāma*, conservado seu intelecto e tendo-se divorciado do Espírito, eles são em realidade os únicos seres condenados que conhecemos. Em vida, possuíram corpos humanos, e chegaram a seu horrendo estado em consequência de persistentes vidas de maldade pela própria maldade; alguns destes seres já condenados a converter-se na classe de entidades que descrevemos, encontram-se entre nós sobre a Terra hoje. Estas entidades não são cascões ordinários, porque centralizaram toda sua força em *Kāma*, expeliram toda chispa de pensamento virtuoso ou aspiração elevada, e possuem uma maestria completa da esfera astral.

Classifiquei-os dentro da categoria de cascões, porque são como tais no sentido de que os outros cascões estão condenados ao mesmo fim, mas somente de uma maneira mecânica. Essas entidades obscuras podem subsistir e em realidade subsistem por muitos séculos, gratificando sua luxúria por intermédio de todo ser sensitivo a quem possam agarrar, quando os maus pensamentos lhes abrem as portas. Elas presidem em quase todas as sessões espiritualistas, assumindo nomes ilustres e encarregando-se do manejo da sessão a fim de deter o controle e continuar a ilusão do médium, assim se habilitando a ter um canal conveniente para os seus próprios propósitos danosos. Verdadeiramente, com os cascões dos suicidas, desses infelizes que morrem nas mãos da lei, dos bêbados e glutões, estes magos negros que habitam o mundo astral têm monopolizado o campo da mediunidade física e são capazes de invadir o ambiente de qualquer médium por melhor que seja. A porta, uma vez aberta, permanece aberta para todos. Esta classe de cascões perdeu o *Manas* superior, porém, na luta, não só depois da morte como também durante a vida, a parte inferior de *Manas*, que devia ter sido elevada à perfeição divina, foi arrancada da influência de seu Senhor e dá agora a esta entidade uma inteligência destituída de Espírito, mas que é capaz de sofrer, como em realidade sofrerá quando chegar sua hora final.

Na esfera de *Kāma-Loka*, os suicidas e os que repentinamente são despojados da vida natural por causa de acidente ou de homicídio, seja legal ou ilegal, passam ali um período quase igual ao que teria sido a vida na Terra se não fosse pelo violento desenlace. Estes seres não estão em realidade mortos. Para se produzir uma morte normal, deve achar-se presente um certo fator que não está ainda reconhecido pela ciência médica. Ou seja, os princípios que constituem o ser, conforme já foi descrito em outros capítulos, têm seu próprio período de coesão, em cuja conclusão natural estes se separam uns dos outros em virtude de suas próprias leis. Isto implica o grande tema das forças coerentes do ser humano, tema que requereria um livro em separado para ser explicado. Devo limitar-me, portanto, a asseverar que esta lei de coesão prevalece em meio dos princípios humanos. Antes dessa conclusão natural, os princípios citados não podem ser separados. Evidentemente, a destruição normal da força coesiva não pode ser efetuada por intermédio de processos mecânicos com a única exceção do corpo físico. Portanto, um suicida, ou pessoa que morre em consequência de um acidente ou é assassinada nas mãos de um homem ou por mandatos das leis humanas, não chegou à conclusão natural da coesão entre seus elementos constituintes, e é precipitado até o *Kāma-Loka* simplesmente num estado de morte parcial. Ali os princípios sobreviventes têm que permanecer até que a conclusão do período real e natural da vida tenha se completado, seja esse período um mês ou sessenta anos.

Entretanto, os diversos níveis ou subplanos do *Kāma-Loka* proporcionam os meios para todas as variedades de cascões recém-mencionados. Alguns deles passam todo o período num grande sofrimento, outros numa espécie de sono ilusório, cada um de acordo com sua responsabilidade moral. Porém, os criminosos executados são geralmente arrancados dessa vida cheios de ódio e de desejos de vingança, dolorosamente afetados por um castigo cuja justiça não podem admitir. Em *Kāma-Loka,* esses infelizes estão sempre revivendo seu crime, seu julgamento, sua execução e sua vingança. Assim, quando conseguem pôr-se em contato com um ser vivo sensitivo, seja este um médium ou não, procuram injetar pensamentos homicidas e de crimes no cérebro desses outros infelizes. E que essas entidades têm com frequência êxito em tais tentativas, os estudantes avançados de Teosofia sabem muito bem.

Chegamos agora à esfera do *Devachan*. Depois de um certo tempo em *Kāma-Loka*, o ser cai dentro de um estado de inconsciência, o qual antecede à transição até o próximo estado. Este processo é similar ao do nascimento para a vida, que tem como prelúdio um período de escuridão e sono pesado. O ser desperta então para a glória do *Devachan.*

CAPÍTULO 13

DEVACHAN

Tendo já mostrado que justamente além do umbral da vida humana existe um lugar de desagregação, onde a parte superior do homem é separada de seus elementos brutos e inferiores, passamos a examinar o que em realidade é, depois da morte, o estado do verdadeiro ser, esse ser imortal que viaja de vida em vida. Esforçando-se para liberar-se do corpo físico, o homem todo entra no *Kāma-Loka*, no purgatório, onde novamente luta e se desliga por si mesmo dos *Skandhas* inferiores. Uma vez terminado este período de nascimento, os princípios superiores de *Ātmā-Buddhi-Manas* começam a pensar de uma maneira diferente da que o corpo e o cérebro permitiram-lhe durante a vida. Este é o estado de *Devachan*, uma palavra sânscrita que significa literalmente "o lugar dos deuses", onde a alma goza de plena felicidade; porém, como os deuses não têm corpos tais como os nossos, o Eu impessoal no *Devachan* está desprovido de corpo mortal.

Nos livros antigos, é dito que este estado perdura "por um número infinito de anos"[14], ou "por um

[14] Tudo parece indicar que o autor se refere a conteúdos da personalidade no *Devachan*, que ao serem assimilados pelo

período proporcional aos méritos do ser"; e quando as forças mentais peculiares a esse estado são esgotadas, "o ser é atraído novamente para a Terra para renascer no mundo dos mortais". O *Devachan* é, portanto, um estado intermediário entre nascimentos na Terra. A Lei do *Karma*, que obriga todos os seres a reencarnarem na Terra, sendo incessante em seu funcionamento e universal em seu alcance, também atua sobre o ser no *Devachan*, pois somente pela força ou operação do *Karma* somos retirados do *Devachan*. Este processo assemelha-se à pressão atmosférica, que, sendo contínua e uniforme, expulsará ou esmagará tudo o que esteja sujeito a ela, a menos que haja uma força atmosférica oposta que compense e neutralize sua pressão. No caso presente, o *Karma* do ser é a atmosfera que continuamente impulsiona-o para dentro ou para fora, de um estado a outro; a força atmosférica neutralizante é a força dos pensamentos e das aspirações, que impede a saída do ser do estado de *Devachan* até que esse impulso tenha sido extinto, mas, que uma vez gasto, perde todo o poder para deter o decreto do destino mortal que autocriamos para nós.

Esse estado pós-morte é uma das necessidades da evolução, e brota da natureza da mente e da alma. A própria natureza de *Manas* requer um estado *Devachânico* tão logo o corpo físico é descartado, e é simplesmente o efeito produzido pela perda dos limites impostos à mente por suas roupagens físicas e astrais. Durante a vida não podemos, senão até certo ponto, encenar os pensamentos que a cada

---

Eu Superior, se imortalizam. (N. E.)

instante sobrevêm à mente, e menos ainda podemos esgotar as energias psíquicas geradas pelos sonhos e aspirações diárias. A energia assim gerada não se perde nem se aniquila, mas é acumulada em *Manas*; porém, o corpo físico, o cérebro e o corpo astral não permitem o pleno desenvolvimento desta força. Portanto, retida latente até a morte, esta energia se liberta então de seus laços enfraquecidos e lança *Manas*, o pensador, em um processo de expansão, uso e desenvolvimento da força mental criada durante a vida. A impossibilidade de escapar deste necessário estado reside na ignorância do homem de seus próprios poderes e faculdades. Desta ignorância surge a ilusão, e como *Manas* não está plenamente livre é arrastado por sua própria força até o mental do *Devachan*. Porém, apesar de a ignorância ser a causa que nos leva a este estado, o processo inteiro é reparador, repousante e benéfico, porque se o homem comum retornasse de imediato a um novo corpo na mesma civilização que acaba de abandonar, sua alma estaria totalmente exausta e privada da oportunidade necessária para o desenvolvimento da parte mais elevada de sua natureza.

Agora, o Ego, desprovido do corpo mortal e de *Kāma*, veste-se no *Devachan* com uma roupagem que não pode ser qualificada como corpo, mas que pode ser chamada de instrumento ou veículo, e nele funciona na esfera *devachânica* inteiramente sobre o plano da mente e da alma. Então tudo é tão real para o ser, como nos parece real o mundo físico. Simplesmente o Ego tem agora a oportunidade de erigir para si seu próprio mundo, sem ser obstaculizado pelas limitações da vida física. Seu estado pode ser comparado ao do poeta ou do artista que, ensimesmado no êxtase de sua composição, ou no arranjo das cores, permanece insensível ao transcurso do tempo ou às coisas do mundo.

Estamos gerando causas a cada instante, mas só duas esferas de ação existem para a manifestação dos efeitos que resultam dessas causas. Estes dois campos de ação são: o objetivo, como é chamado o mundo que nos rodeia, e o subjetivo, esse mundo que existe tanto aqui como depois que abandonamos esta vida. O campo objetivo se relaciona com a vida terrena e com a parte mais grosseira do homem, com suas ações corporais e os pensamentos de seu cérebro, assim como também com seu corpo astral. O campo subjetivo tem relação com suas potencialidades superiores e espirituais. No campo objetivo, os impulsos psíquicos não podem ser realizados, nem tampouco as elevadas tendências e aspirações da alma; por conseguinte, essas devem ser a base, a causa, o substrato e a sustentação do estado *Devachânico.*

Então, medindo em anos mortais, quanto tempo uma pessoa permanecerá no *Devachan*? Esta pergunta, mesmo quando se refere ao que os homens do mundo denominam tempo, de maneira alguma toca o verdadeiro significado do que é o tempo mesmo, ou seja, o que pode ser de fato, para nosso Sistema Solar, a ordem última e fundamental, a precedência, a sucessão e a duração dos momentos. Esta é uma pergunta que pode ser respondida com relação a nosso tempo, mas de modo algum com respeito ao tempo no planeta Mercúrio, por exemplo, onde o tempo não é o mesmo que o nosso, nem, por certo, com relação ao tempo como é concebido pela alma. Com relação a este último, qualquer homem pode observar que depois de passados muitos anos, ele não tem uma percepção exata do tempo transcorrido, mas é capaz apenas de identificar alguns dos incidentes que marcaram sua passagem; quanto a algumas horas ou instantes amargos ou felizes, parece experimentar sua lembrança como se tivesse sido apenas ontem. E assim, de igual maneira, é para o ser no *Devachan*. O tempo ali não existe. A alma desfruta de todo o benefício do que sucede dentro de si mesma nesse estado, mas não entra em especulação alguma a respeito do transcurso dos momentos; tudo é feito de eventos; enquanto isso, a órbita solar continua marcando os anos para nós no Plano Terrestre. Isso não pode ser considerado como uma impossibilidade se recordarmos como, conforme é bem conhecido na vida, os acontecimentos, as imagens, os pensamentos, argumentos, sentimentos introspectivos passarão todos à nossa frente num instante, como é bem conhecido pelos que estiveram a ponto de morrer afogados, em cujo incidente os eventos de uma vida inteira passam como um relâmpago frente aos olhos da mente. Porém o Ego permanece, conforme já foi dito, no *Devachan* por um período de tempo proporcional aos impulsos psíquicos gerados durante a vida.

Agora, sendo este um assunto que se relaciona com a matemática da alma, ninguém senão um Mestre pode dizer o que seria o período de permanência no *Devachan* para o homem comum deste século, em cada lugar da Terra. Portanto, temos que confiar nos Mestres de Sabedoria com relação a essa média, já que a mesma deve estar baseada num cálculo. Os Mestres disseram, como bem expressou o senhor A. P. Sinnett, em seu livro *Esoteric Buddhism*, que o período em questão é em geral de uns mil e quinhentos anos. Pela leitura de seu livro, que foi escrito baseado em cartas procedentes dos Mestres, parece inferir-se que o período *Devachânico* dura quinze séculos em todos e cada um dos casos; porém, com o objetivo de desvanecer esse conceito errôneo, seus informantes escreveram numa data posterior que esse é um período médio e não um período fixo. Tal deve ser a verdade, porque como observamos que a opinião dos homens difere quanto à duração dos períodos de tempo em que eles permanecem em qualquer estado mental durante a vida, devido à variável intensidade de seus pensamentos, o mesmo deva ocorrer no *Devachan,* onde o pensamento tem ainda maior força, sempre devido ao ser que gerou esses pensamentos.

O que o Mestre disse sobre este tema é o seguinte: "O sono do *Devachan*" perdura até que o *Karma* tenha sido satisfeito nesse sentido. Em *Devachan* experimenta-se "um esgotamento gradual de forças". "A permanência no *Devachan* é proporcional aos impulsos psíquicos não exauridos, gerados durante a vida terrestre. Esses seres cujas ações foram predominantemente materialistas, serão atraídos mais prontamente ao nascimento pela força de *Tanha*". *Tanha* é a sede de viver. Assim aquele que não tenha gerado durante sua vida muitos impulsos psíquicos, terá pouca base ou força em sua natureza essencial para alimentar e manter seus princípios superiores no *Devachan*. Quase tudo o que terá serão esses impulsos gerados durante sua infância antes de que começasse a fixar seus pensamentos em conceitos materialistas. A sede pela vida, expressa pela palavra *Tanha*, é a força atraente ou magnética que reside nos *Skandhas* inerentes a todos os seres. Em um caso como este, a regra média não se aplica, posto que o efeito completo em ambos os sentidos se deve a um equilíbrio de forças e é o resultado de ação e reação. E este tipo de pensador materialista pode, em apenas um mês, emergir do *Devachan* e entrar aqui em outro corpo físico, dando assim passagem às inesgotadas forças psíquicas geradas na vida anterior. Porém, como cada uma de tais pessoas varia quanto à classe, intensidade e quantidade de pensamentos e impulsos psíquicos, cada qual pode variar então com respeito ao tempo de estadia no *Devachan*.

Os seres desesperadamente materialistas permanecerão na esfera *Devachânica* num estado de letargia ou sono, poderíamos dizer, porque carecem de forças apropriadas e que correspondam a esse estado *Devachânico*, exceto de uma forma muito vaga, e para tais seres pode-se dizer que não existe estado depois da morte no que diz respeito à mente. Eles permanecem entorpecidos por um tempo e então encarnam de novo sobre a Terra. Esta média geral de permanência no *Devachan* nos dá a duração de um ciclo humano muito importante, o Ciclo da Reencarnação. Porque, de acordo com esta lei, veremos que o advento de nações se repete e que os tempos passados regressam novamente com as almas.

Durante a morte, a última série de pensamentos fica poderosa e profundamente gravada na mente e dá cor e tônica à vida inteira no *Devachan*. O último momento colorirá cada momento seguinte. Nesses pensamentos permanecem fixas a alma e a mente, que começam a tecer com eles várias imagens e experiências, desenvolvendo-as até seus limites mais altos, continuando tudo o que não pôde ser realizado durante a vida. Assim, desenvolvendo e entrelaçando estes pensamentos, a entidade *Devachânica* experimenta sua juventude, crescimento e velhice; isto é, o ímpeto ascendente de força, sua expansão e desvanecimento até a extinção final.

Se a pessoa levou uma vida insípida sobre a Terra, sua estadia no *Devachan* será igualmente insípida e incolor; se a vida foi rica e intensa, seu *Devachan* será igualmente rico em variedade e efeitos. A existência ali não é um sonho, salvo num sentido convencional, já que tudo aquilo é uma etapa da vida do homem, e quando estamos ali esta vida presente é só um sonho. A vida ali não é monótona em nenhum sentido. Somos demasiado propensos a julgar e medir todos os possíveis estados da vida e todos os campos de experiência à luz de nossa vida terrena, e a imaginar que isto é a realidade. Entretanto, a vida da alma não tem fim e não pode ser detida nem por um instante. O abandono de nosso corpo físico é tão somente uma transição para outro lugar ou plano de existência. Porém, como as etéreas vestiduras do *Devachan* são mais duradouras que as que usamos aqui, as causas espirituais, morais e psíquicas demoram mais tempo em desenvolver-se e em esgotar-se naquele estado do que sobre a Terra. Se as moléculas que formam o corpo físico não estivessem sujeitas às leis químicas gerais que governam a Terra física, então viveríamos tão longo tempo nestes corpos como o fazemos no estado *Devachânico.* Mas essa vida de interminável tensão e sofrimento seria mais que suficiente para abater a alma obrigada a suportá-la. O prazer se converteria então em tormento e o excesso terminaria numa loucura imortal. A Natureza, sempre benévola, nos conduz imediatamente de novo ao céu, para nosso repouso e para o florescimento do melhor e do mais nobre que subjaz em nossas naturezas.

O *Devachan,* portanto, nem carece de sentido nem é inútil, "Nele descansamos; essa parte de nosso ser que não pôde florescer debaixo dos frios céus da vida terrena, brota ali em flor para logo retornar conosco à vida da Terra, fortalecida e fazendo mais parte de nossa natureza que antes; ... Por que se queixar de que a Natureza bondosamente nos auxilia na luta interminável; por que manter a mente remoendo sobre a insignificante personalidade atual e sua boa ou má sorte?"[15]

Às vezes alguém se pergunta: e o que acontece com esses seres que deixamos para trás? Nós os veremos ali? Não os vemos ali de fato, mas conscientemente tornamos suas imagens tão plenas, completas e objetivas como na vida terrestre, e desprovida de tudo o que então julgamos como imperfeição. Vivemos entre eles e os vemos crescer notáveis e bons, em

[15] *Cartas do Mahatma K. H.* Veja-se *The Path*, V. 5, p. 192.

vez de mesquinhos ou maus. A mãe que deixou para trás um filho dado à embriaguez, encontra-o diante de si no *Devachan* como um homem sóbrio e bom; e da mesma maneira em todos os casos possíveis pai, filho, esposo e esposa encontram ali seus seres queridos perfeitos e plenos de sabedoria. Tudo isso para benefício da alma. Podemos qualificá-lo como um estado de ilusão, se quisermos, mas a ilusão é necessária para a felicidade, como frequentemente acontece na vida. E como é a mente que produz a ilusão, não é portanto um engano. Certamente a ideia de um "céu" erigido à margem do inferno, onde você deve saber – se é que lhe sobra algum cérebro ou memória sob o sistema ortodoxo atual – que seus amigos e parentes que cometeram erros estão sofrendo tormento eterno, não terá comparação alguma com a doutrina do *Devachan*. Porém, as entidades no *Devachan* não estão inteiramente desprovidas de poder para ajudar os que ficaram sobre a Terra. O amor, Mestre da Vida, se é verdadeiro, puro e profundo, induzirá o bem-aventurado Ego no *Devachan* a influir beneficamente sobre aqueles que permaneceram na Terra, não somente na parte moral, como também na de circunstância material. Isso é possível sob uma lei do universo oculto que não pode ser explicada agora com proveito, mas o assunto pode ser mencionado. Isso foi divulgado anteriormente por H. P. Blavatsky, ainda que não se tenha dado maior atenção ao assunto.

A última questão a ser considerada é se nós daqui podemos alcançar aqueles que estão no *Devachan*, ou se eles podem chegar a nós. Não podemos alcançá-los nem influenciá-los, a menos que sejamos Adeptos. A pretensão dos médiuns de que podem comunicar-se com os espíritos dos mortos carece de fundamento, e ainda menos válida é a suposta habilidade para ajudar aqueles que foram para o *Devachan*. O Mahatma, um ser que desenvolveu todos os seus poderes e que está livre de toda ilusão, pode trasladar-se ao estado *Devachânico* e comunicar-se então com os Egos que lá se encontram. Esse é um de seus labores, e é a única Escola dos Apóstolos que existe depois da morte. Os Mahatmas aproximam-se de certas entidades no *Devachan* com o propósito de tirá-los dessa condição, a fim de que retornem à Terra para o bem da raça. Portanto, os Egos de quem eles se aproximam são aqueles cuja natureza é nobre e profunda, mas que não possuem a sabedoria suficiente para serem capazes de vencer as ilusões naturais do *Devachan*. Algumas vezes também o médium sensitivo e puro entra nesse estado e se comunica com os Egos que ali se encontram, mas esse caso é muito raro e certamente não acontecerá com médiuns que trabalham por dinheiro. Porém, a alma jamais desce aqui até o médium. E o abismo que existe entre a consciência do *Devachan* e a do globo terrestre é tão profundo e vasto, que muito raramente pode o médium recordar, no seu regresso, a quem ou o que encontrou, viu ou escutou no *Devachan*. Este abismo é comparável àquele que separa o *Devachan* do nascimento; é aquele abismo no qual toda memória prévia se desvanece.

Quando o período completo assinalado pelas forças da alma tiver sido concluído no *Devachan*, os fios magnéticos que atam a alma à Terra começam a exercer seu poder. O Eu desperta de seu sono, é velozmente guiado a um novo corpo, e, então, exatamente antes do nascimento, o Ego vê por um instante todas as causas que o conduziram ao *Devachan* e de regresso à nova vida que está a ponto de começar; e sabendo que é tudo justo e apenas o resultado de seu próprio passado, o Ego não se lamenta, mas toma outra vez sua cruz... e assim outra alma retorna à Terra.

CAPÍTULO 14

OS CICLOS

A doutrina dos Ciclos é uma das mais importantes de todo o sistema teosófico, ainda que a menos conhecida, e, de todas, a que se alude com menos frequência. Por vários séculos os investigadores ocidentais suspeitaram que os eventos ocorrem em forma cíclica, e alguns escritores no campo da literatura europeia têm tratado deste assunto, embora todos tenham-no feito de uma forma incompleta. Essa falta de rigor e de conhecimento preciso se devem à descrença nas coisas espirituais e ao desejo de enquadrar todas as coisas à ciência materialista. Tampouco pretendo dar a conhecer a lei cíclica em sua totalidade, porque esta é uma lei que os Mestres de Sabedoria não divulgaram em todos os detalhes. Porém, já foi divulgado o suficiente, e muitas coisas conhecidas há muito tempo pelos antigos se somam para enriquecer consideravelmente nosso conhecimento.

Um ciclo é um anel, círculo ou revolução periódica, como indica a etimologia da palavra. No idioma sânscrito, as palavras correspondentes são *Yuga*, *Kalpa*, *Manvantara*; mas, entre todas, *Yuga* é a que mais se aproxima da palavra ciclo, por significar menor duração que as outras. O começo de um ciclo deve por necessidade ser um momento que, acrescentado a outros momentos, constituem um dia; e este, somado a outros dias, constituem os meses, os anos, as décadas e os séculos. O Ocidente dificilmente vai além disso. Ele reconhece o ciclo lunar e o grande ciclo sideral, mas olha para ambos, assim como os outros ciclos, como meros períodos de tempo. Se formos considerá-los tão somente como duração de tempo, não haverá nenhuma utilidade exceto para o estudante competente ou para a astronomia. E é desta maneira que os ciclos são vistos hoje pelos pensadores europeus e americanos, que reconhecem a existência deles, mas consideram que esses não exercem maior influência sobre a vida humana, e de fato nenhuma sobre a ocorrência de eventos ou o reaparecimento no cenário da vida, de pessoas que uma vez viveram sobre a Terra. A teoria teosófica é precisamente o contrário, como deve ser, já que ela inclui a doutrina da reencarnação, à qual foi dada uma grande importância em páginas anteriores.

Os ciclos não são só considerados fatos concretos com relação ao tempo. Tais ciclos e outros períodos afetam grandemente a vida humana e a evolução do globo terrestre com todas as formas de vida que existem nele. Começando com o momento e prosseguindo através de um dia, esta teoria transforma o ciclo num círculo abrangente, que inclui tudo o que está dentro de seus limites. Sendo o momento a base fundamental, a questão a ser esclarecida com relação ao grande ciclo é: Quando ocorreu o primeiro momento? Isso não pode ser respondido, mas pode-se dizer que a verdade sustentada pelos antigos teósofos é que, nos primeiros momentos da solidificação deste globo, a massa de matéria envolta no processo alcançou um certo e definido grau vibratório que se manterá através de toda variação em qualquer parte dessa massa, até que chegue a hora de sua dissolução. Esses graus de vibração são os que determinam as diversas classes de ciclos, e, em oposição às ideias da ciência ocidental, a doutrina ensina que o Sistema Solar e o globo sobre o qual nos encontramos chegarão a seu final quando a força que reside por trás de toda a massa de matéria visível e invisível tiver alcançado seu limite de duração, de conformidade com a lei cíclica.

Aqui nossa doutrina difere outra vez da doutrina religiosa e da científica. Não admitimos que a cessação da força se deva à retirada da proteção de um Deus, nem ao súbito lançamento por ele de alguma outra força contra nosso globo, mas que a força em funcionamento, que é a determinante do grande ciclo, é a do próprio homem considerado como um ser espiritual; tão logo termina seu labor sobre o globo, abandona-o e com ele se retira a força que mantém o conjunto; o resultado é a dissolução pelo fogo, pela água ou por qualquer outra forma, sendo estes fenômenos simplesmente efeitos e não causas. As especulações científicas correntes sobre este ponto são que a Terra pode chegar a precipitar-se e cair em direção ao sol, ou que um cometa de grande densidade poderia destruir nosso globo, ou que poderíamos entrar em colisão com um planeta maior, seja conhecido ou não. No presente, estes devaneios são infundados.

Como a reencarnação é a grande lei da vida e do progresso, a mesma encontra-se intimamente entrelaçada com a lei dos ciclos e do *Karma*. Essas três leis trabalham juntas, e na prática é quase impossível desligar a lei da reencarnação da lei cíclica. Os indivíduos e as nações regressam ao globo terrestre em correntes determinadas dentro de períodos cíclicos regulares, e trazem com eles de regresso ao globo as artes, a civilização e muitos personagens que viveram antes e trabalharam nele. Como as nações e os povos estão magneticamente conectados por fios fortes e invisíveis, grupos de seres humanos movendo-se lentamente, mas que certamente juntos reúnem-se em diferentes épocas e emergem juntos uma e outra vez dentro de cada nova raça e cada civilização, à medida que os ciclos percorrem suas rondas estabelecidas. Assim, as almas que ergueram as mais antigas civilizações regressarão e trarão com elas a antiga civilização, em ideia e em essência, o que, acrescentado ao que outros têm feito para o desenvolvimento da raça humana em seu caráter e seu conhecimento, produzirá uma nova e mais elevada civilização.

Este novo e mais avançado desenvolvimento não será devido a livros, crônicas, artes ou tecnologia, já que tudo isso é destruído periodicamente no que se refere à evidência física, mas à alma, eternamente retendo em *Manas* o conhecimento que uma vez adquiriu, e impulsionando sempre os princípios e poderes superiores para um desenvolvimento mais completo; e assim persistindo, a essência do progresso voltará a surgir outra vez com a mesma certeza que o sol brilha. E ao longo desta rota estão os pontos onde, para benefício do homem, os grandes e pequenos ciclos dos *Avatares* projetam os grandes seres que de tempos em tempos vão moldando a raça.

O Ciclo de *Avatares* inclui vários ciclos menores. Os maiores são esses que marcaram o aparecimento de Rama e de Krishna entre os hindus, de Menes entre os Egípcios, de Zoroastro entre os persas e de Buda entre os hindus e outras nações do Oriente. Buda é o último dos grandes *Avatares* e encontra-se num ciclo maior que o de Jesus dos judeus, pois os ensinamentos deste último são os mesmos que os de Buda e estão tingidos com as doutrinas que Buda havia ensinado antes aos instrutores de Jesus. Outro grande *Avatar* está ainda por manifestar-se e corresponderá às naturezas combinadas de Buda e Krishna.

Krishna e Rama pertenciam à ordem militar, civil, religiosa e oculta. Buda à ordem ética, religiosa e mística, e nisso foi seguido por Jesus; Maomé foi um intermediário menor para uma porção da raça e pertenceu à ordem civil, militar e religiosa. Nestes ciclos, podemos incluir personagens vários que têm tido uma grande influência sobre as nações, tais como o Rei Artur, Faraó, Moisés, Carlos Magno, reencarnado em Napoleão Bonaparte; Clóvis da França, reencarnado em Frederico III, imperador da Alemanha; e também George Washington, primeiro presidente dos Estados Unidos da América, país onde a raiz da nova raça está em processo de formação.

Na interseção de grandes ciclos, seguem efeitos dinâmicos que alteram a superfície do planeta como resultado da inversão dos polos do globo ou outras convulsões. Essa não é uma teoria geralmente aceita, mas sustentamos sua veracidade. O ser humano é um grande dínamo que gera, acumula e projeta energia, e quando as massas de seres humanos que formam uma raça geram e distribuem assim a energia, há um efeito dinâmico sobre a matéria do globo, o qual será suficientemente poderoso como para ser perceptível e cataclísmico. Que tem havido vastos e terríveis distúrbios na estratificada crosta do globo, é algo geralmente admitido por todas as disciplinas, e portanto não exige maiores provas; estes distúrbios têm sido ocasionados por terremotos e fenômenos glaciais, no que diz respeito à geologia; porém, quanto às formas animais, a lei cíclica indica que certas formas animais já extintas, assim como certas formas humanas desconhecidas, mas às vezes suspeitadas, reaparecerão outra vez em seu próprio ciclo, e certos idiomas humanos, considerados agora como línguas mortas, serão postos de novo em uso na hora cíclica indicada.

"O Ciclo Metônico é o ciclo lunar. Este é um período que abarca uns dezenove anos, e quando terminado, a lua nova e a lua cheia voltam a cair nos mesmos dias do mês".

"O Ciclo Solar é um período de vinte e oito anos, e depois de decorrido, as letras Dominicais regressam a seu lugar original e procedem na ordem anterior, de acordo com o calendário Juliano".

O grande ano Sideral é o período requerido pelos pontos equinociais para completar em sua precessão uma revolução completa da esfera celeste. Esta revolução consiste nuns 25.868 anos solares. É dito que o último ano sideral terminou há 9.868 anos, em cujo momento deve ter-se produzido sobre a Terra uma violenta convulsão, ou uma série delas, assim como distribuições de nações. O término deste grande período transporta a Terra dentro de novos espaços do Cosmos, não tanto com respeito à sua própria órbita, como em relação à progressão do sol numa órbita que lhe é própria e que não pode ser medida por nenhum observador de nossa época, mas cujo centro, na estimativa de algumas pessoas, deve estar situado numa das constelações.

O que afeta notavelmente o homem são os ciclos espirituais, psíquicos e morais, e desses surgem os ciclos nacionais, raciais e individuais. Os ciclos raciais e nacionais são ambos históricos. Os ciclos individuais são os da reencarnação, da sensação e das impressões. A duração do ciclo da reencarnação individual para a generalidade dos seres humanos é de um mil e quinhentos anos, e este cômputo, por sua vez, nos dá um grande ciclo histórico relacionado intimamente com o progresso da civilização. Porque à medida que as massas de Egos regressam do *Devachan*, deve inferir-se que as antigas eras romana e grega, assim como a ariana e outras eras passadas reaparecerão, e podem, em grande parte, ser traçadas. Mas o ser humano também é afetado pelos ciclos astronômicos, porque ele é parte integrante do todo, e estes ciclos marcam os períodos em que a humanidade toda há de experimentar uma mudança.

Nos livros sagrados de todas as nações, esses acontecimentos são frequentemente mencionados e encontram-se na Bíblia dos cristãos, como, por exemplo, na história de Jonas dentro do ventre da baleia. Tomada em um sentido histórico, isso é um absurdo, mas não tanto se a história for vista como um ciclo astronômico. "Jonas" encontra-se entre as constelações, e quando o ponto astronômico que representa o ser humano alcança no Zodíaco um ponto que está diretamente oposto ao ventre da constelação de Cetus ou da baleia, do outro lado do círculo, no que se conhece como o processo de oposição, então se diz que Jonas está no centro do peixe e é "expelido" no final do período, quando esse ponto humano avançou suficientemente no Zodíaco, colocando-se fora da oposição com a baleia. De igual maneira, à medida que esse mesmo ponto progride através do Zodíaco, é trazido em oposição com as diferentes constelações que estão em exata oposição a ele, de século em século, ao longo de seu curso. Durante estes movimentos progressivos, ocorrem mudanças entre os seres humanos e sobre a Terra, que são exatamente indicadas pelas constelações quando estas são decifradas de acordo com as regras corretas da simbologia.

Não se pretende demonstrar que as conjunções causam os efeitos, mas que, idades atrás, os Mestres de Sabedoria resolveram todos os problemas com relação ao ser humano e encontraram na abóboda celeste os meios de computar com exatidão as datas em que os eventos hão de ocorrer com certeza, e então, gravando nas mentes das velhas nações a simbologia do Zodíaco, foram capazes de preservar os registros e a profecia. Assim, da mesma maneira que o relojoeiro pode dizer a hora quando os ponteiros ou a maquinaria do relógio alcançam certos pontos determinados, igualmente os Sábios podem prognosticar a hora dos eventos pelo relógio zodiacal. Naturalmente, esta não é a crença de hoje em dia, mas será bem compreendida nos séculos futuros, e como as nações da Terra têm signos geralmente similares para o Zodíaco, e as crônicas das raças há tempos extintas mostram os mesmos símbolos, não parece ser provável que o espírito de vandalismo do século dezenove seja capaz de apagar esta valiosa herança de nossa evolução. No Egito, o Zodíaco de Dendera relata a mesma narração que nos foi legada pela antiga civilização do continente americano, e todas elas procederam da mesma fonte; representam a obra dos Sábios, os quais se manifestam no começo do grande ciclo humano para dar ao ser humano, que inicia sua fatigante ascensão pela rota do desenvolvimento, esses grandes símbolos e ideias de caráter astronômico que perdurarão através de todos os ciclos.

No que toca aos grandes cataclismos que ocorrem ao começo e final dos grandes ciclos, as leis principais que governam os efeitos são a do *Karma* e a da Reencarnação, procedendo sob a lei cíclica. Estas leis não só governam o ser humano como também cada átomo de matéria, e todo o conjunto de matéria está constantemente sofrendo transformações ao mesmo tempo que o ser humano. Esta matéria, portanto, tem que mostrar alterações correspondentes às que experimenta o pensador. Sobre o Plano Físico, os efeitos são produzidos pelos fluidos elétricos e outros, atuando com os gases sobre as substâncias sólidas do globo. Na mudança de um grande ciclo, isso alcança o que poderia ser chamado um ponto explosivo e causa convulsões violentas das seguintes classes: a) Terremotos, b) Inundações, c) Incêndios, d) Fenômenos Glaciais.

Os terremotos podem produzir-se, de acordo com esta filosofia, por duas causas gerais: Primeiro, por imersão ou elevação sob a crosta terrestre, devido ao calor e ao vapor; Segundo, por mudanças elétricas e magnéticas que afetam simultaneamente a água e a terra. Essas últimas têm o poder de tornar a Terra fluida instantaneamente sem liquefazê-la, causando assim imensos e violentos deslocamentos em grandes ou pequenas vagas. Esse efeito é agora observado algumas vezes em distritos castigados por terremotos, quando causas elétricas similares entram em ação numa escala menor.

As inundações de caráter geral são causadas pelo deslocamento de águas resultante de um afundamento ou elevação do terreno, e também por esses fenômenos em combinação com mudanças de natureza elétrica que induzem a uma enorme descarga de umidade. Essa última não é simplesmente o resultado de nuvens que se descarregam, mas uma súbita transformação de enormes massas de fluidos e sólidos em água.

Os incêndios universais são o resultado de alterações elétricas e magnéticas na atmosfera, por meio das quais a umidade é retirada do ar, que então se transforma numa massa ardente; e, em segundo lugar, pela expansão repentina do centro magnético solar em sete centros similares, causando assim o incêndio do globo.

Os cataclismos glaciais não provêm unicamente da alteração repentina dos polos, mas também de quedas de temperatura, devido à alteração das cálidas correntes fluidas do mar e das quentes correntes magnéticas da Terra; as primeiras são conhecidas pela ciência, as outras ainda não. Os estratos mais profundos de umidade na Terra congelam-se repentinamente e vastas regiões cobrem-se de grossas capas de gelo numa noite. Este fenômeno pode ocorrer muito facilmente nas Ilhas Britânicas, se as correntes cálidas do oceano forem desviadas de suas costas.

Tanto os egípcios como os gregos tinham seus próprios sistemas cíclicos, que em nossa opinião derivaram dos Sábios da Índia. Os chineses foram sempre uma nação de astrônomos, e têm registrado observações que datam das épocas remotas anteriores à era cristã; mas, como pertencem a uma raça antiga que está destinada a extinguir-se – por mais estranha que esta afirmação possa parecer –, suas conclusões não estão corretas no que concerne às raças arianas. Com o advento da era cristã, um denso pálio de obscuridade velou as mentes dos seres humanos no Ocidente, e a Índia, por séculos, teve que permanecer isolada, de maneira a preservar estas grandes ideias durante a noite mental da Europa. Este isolamento foi levado a cabo, deliberadamente, como uma necessária precaução tomada pela Grande Loja, à qual já fiz referência no Capítulo 1, porque seus Adeptos, conhecendo perfeitamente as leis cíclicas, desejavam preservar a filosofia para as gerações futuras. Como seria tão somente pedantismo e especulação tratar de discutir os Saros e os Naros e outros ciclos dos egípcios, mencionarei os ciclos *Bhramânicos*, já que esses concordam quase exatamente com os períodos corretos.

A um período ou expressão de manifestação universal se dá o nome de *Brahmanda*, que significa uma vida completa de *Brahmā*, e a vida de *Brahmā* se compõe de dias com seus anos, os quais, sendo cósmicos, são de uma duração imensa. O dia de *Brahmā*, como o do ser humano, é de 24 horas de duração; seu ano de 360 dias; o número de seus anos é 100.

Tomando em consideração este globo – posto que a nós não nos concerne agora nenhum outro – seu governo e sua evolução prosseguem sob a direção do *Manu*, e do qual derivam *Manas*, "mente", e *Man*, "homem"; deste termo surge o vocábulo *Manvantara*, ou "entre dois *Manus*". O curso da evolução está subdividido em quatro *Yugas* por cada raça dentro de sua própria duração e rota. Estes *Yugas* não afetam à humanidade toda a um mesmo tempo, de modo que enquanto algumas raças estão num dos *Yugas*, outras estão num ciclo diferente. O índio pele-vermelha, por exemplo, encontra-se ao final de sua idade da pedra, enquanto que os arianos estão numa fase inteiramente diferente. Os quatro *Yugas* são: *Krita* ou *Satya*, a idade de ouro; *Treta*, *Dvāpara*, e *Kali*, ou idade da escuridão. Com relação ao Ocidente e à Índia, a atual era é a do *Kali Yuga*, especialmente com relação ao desenvolvimento moral e espiritual. O primeiro destes *Yugas*, o *Krita* ou *Satya Yuga*, é lento em comparação com os restantes, enquanto que o atual *Kali Yuga* é muito rápido, sendo seu curso acelerado precisamente como certos períodos astronômicos conhecidos hoje com relação à Lua, mas ainda não completamente compreendidos.

QUADRO SINÓPTICO

DESCRIÇÃO	ANOS MORTAIS
360 dias (um pouco mais) perfazem	1
Krita Yuga tem	1.728.000
Treta Yuga tem	1.296.000
Dvapara Yuga tem	864.000
Kali Yuga tem	432.000
Maha Yuga, ou os quatro precedentes, tem	4.320.000
71 *Maha Yugas* formam o reinado de um Manu	306.720.000
14 *Manus* correspondem	4.294.080.000
Adicionando as auroras e os crepúsculos entre *Manus*	25.920.000
Estes 14 reinados com suas auroras e crepúsculos somam 1.000 *Maha Yugas* ou um *Kalpa* ou Dia de *Brahmā*	4.320.000.000
A noite de *Brahmā* é igual a Seu Dia, e Dia e Noite somam conjuntamente	8.640.000.000
360 destes Dias constituem o ano de *Brahmā*	3.110.400.000.000
100 destes anos constituem uma Vida de *Brahmā*	311.040.000.000.000

Os primeiros 5.000 anos do *Kali Yuga* terminam entre os anos de 1897 e 1898. Este *Yuga* começou por volta de 3.102 anos antes da era cristã, no momento da morte de Krishna. Como os anos de 1897-1898 não estão muito distantes de nós, os cientistas de hoje terão uma oportunidade de ver se a conclusão do ciclo de cinco mil anos será precedida ou seguida de algumas convulsões ou grandes mudanças políticas, científicas ou físicas, ou então de todos essas ocorrências combinadas. Mudanças cíclicas estão agora decorrendo à medida que de ano em ano as almas de civilizações anteriores estão encarnando neste período, em que a liberdade de pensamento e de ação não estão tão restringidas no Ocidente conforme estiveram no passado pelo preconceito e fanatismo das religiões dogmáticas. Encontramo-nos atualmente num ciclo de transição, em que tudo em filosofia, religião e sociedade encontra-se num processo de transformação. Durante um período de transição, as cifras exatas e as regras completas com relação aos ciclos não são divulgadas a uma geração que exalta o dinheiro acima de todos os pensamentos e zomba da visão espiritual do ser humano e da Natureza.

CAPÍTULO 15

OS ELOS PERDIDOS

Entre a Ciência e a Teosofia existe um enorme abismo, até o momento sem conexão, com relação à origem do ser humano e à diferenciação das espécies. Os instrutores religiosos do Ocidente oferecem sobre esta matéria uma teoria, dogmaticamente afiançada por uma suposta revelação que resulta tão inacessível como a teoria que os cientistas propõem. Entretanto, os religiosos encontram-se mais próximos da verdade que os cientistas. Sob a superstição religiosa a respeito de Adão e Eva, oculta-se a verdade; e, nas narrações de Caim, Set e Noé, acha-se vagamente esboçada a verdadeira história de outras raças humanas, não sendo Adão mais que o representante de uma raça. O povo que deu a Caim as boas-vindas e lhe proporcionou uma esposa era uma dessas raças humanas que haviam aparecido simultaneamente com a raça que Adão encabeçava.

A origem ou o começo do ser humano não podem ser descobertos, mesmo se soubéssemos quando ele apareceu sobre este globo e de onde veio. O homem jamais deixou de ser. Se não neste globo, então em algum outro, ele sempre existiu, e para sempre existirá em alguma parte do Cosmos. Sempre se aperfeiçoando e esforçando-se em alcançar a imagem do Homem Celeste, o ser humano mantém-se num eterno processo de desenvolvimento. Porém, como a mente humana não pode recuar a começo algum, iniciaremos, pois, com este globo terrestre. Sobre esta Terra e sobre toda a cadeia de globos, da qual a Terra é parte, sete raças de seres humanos apareceram simultaneamente, procedentes de outros globos de uma cadeia planetária mais antiga. E no que diz respeito a esta Terra – o quarto globo desta cadeia –, essas sete raças chegaram simultaneamente de outro globo desta mesma cadeia. Esta aparição simultânea de sete raças tem lugar na primeira ronda dos globos e numa parte da segunda.

Na segunda ronda, os sete conglomerados de seres são amalgamados, sendo seu destino depois desse processo o de diferenciar-se lentamente durante as rondas subsequentes, até que na sétima ronda, as sete primeiras grandes raças surgirão outra vez distintas e com protótipos tão perfeitos da raça humana quanto permita esse período de evolução. As sete raças estão entremescladas na atualidade, e representantes de todas elas se encontram presentes em muitas das supostas raças humanas que a ciência moderna classifica. O propósito dessa amalgamação e subsequente diferenciação é dar a cada raça o benefício do progresso e do poder do todo, derivado do progresso anteriormente alcançado em outros planetas e outros sistemas. Pois a Natureza nunca realiza seu trabalho de forma precipitada ou desordenada, mas, pelo método seguro de mistura, precipitação e separação, logra a perfeição máxima. Este método foi conhecido pelos alquimistas, embora nunca inteiramente compreendido em todos os seus sentidos nem mesmo por eles próprios.

Assim, o ser humano não surgiu de um só casal, tampouco foi gerado por uma tribo ou família de macacos. Todo esforço que se faça para determinar a solução deste assunto é inútil, quer seja feito através da religião ou da ciência, pois a ciência encontra-se confundida, conforme ela mesma admite, e a religião acha-se emaranhada com uma revelação que, segundo seus próprios textos, contradiz a teoria dada pelos sacerdotes. Adão é aceito como o primeiro homem, mas a crônica, dentro da qual esta historieta encontra-se relatada, dá clara mostra de que outras raças de homens devem ter existido sobre a Terra antes que Caim pudesse ter fundado uma cidade. A própria Bíblia, pois, não sustenta a teoria do par único original. Se examinássemos uma das hipóteses da Ciência e admitíssemos por ora que o homem e o macaco tiveram sua origem num progenitor comum, então teríamos que perguntar de onde surgiu o primeiro progenitor. O primeiro postulado da Loja sobre este tema é que sete raças de seres humanos apareceram simultaneamente sobre a Terra, e a primeira suposição nega que o ser humano surgiu de um simples casal, tampouco do reino animal.

As variedades de caráter e de capacidade, que posteriormente apareceram na história do ser humano, são o efeito das variações provocadas nos Egos durante o curso de outros longos períodos de evolução, em outras cadeias de globos. Estas variações foram tão profundamente estampadas que se tornaram equivalentes a características inerentes. Quanto às raças deste globo, seu período de evolução anterior transcorreu na cadeia de globos da qual nosso satélite lunar é o representante visível.

O problemático assunto dos macacos antropoides com relação ao homem é solucionado pelos Mestres de Sabedoria, que nos dizem que esses, em vez de serem nossos progenitores, foram produzidos em realidade pelo próprio homem. Num dos primeiros períodos do globo, os homens dessa época geraram os antropoides em fêmeas do reino animal, e nestes corpos de antropoides foi capturado um certo número de Egos destinados a serem homens um dia. O atual remanescente dos descendentes dos verdadeiros antropoides procede daqueles filhos ilegítimos do homem, os quais se extinguirão gradualmente e seus Egos encarnarão em corpos humanos. Esses corpos, metade antropoide e metade humano, não podem estar animados por Egos de natureza puramente animal, e por essa razão são conhecidos em *A Doutrina Secreta* como a "Raça Retardada" [16], o único grupo não incluído na ordem da Natureza, com relação ao qual não serão admitidos mais Egos dos reinos inferiores no reino humano, até o advento do próximo *Manvantara*. Porém, para todos os reinos inferiores ao do homem, com exceção dos antropoides, a porta de entrada à condição humana está agora fechada, e os Egos incorporados nas formas inferiores terão todos que esperar sua vez no seguinte grande Ciclo. E como os Egos atrasados da família

---

[16] No original em inglês: *Delayed Race*, leia-se também como "Raça Postergada". (N.E.)

antropoide emergirão mais adiante dentro do cenário humano, esses Egos serão então recompensados pela longa espera naquela raça degradada. Todos os demais macacos são o produto do processo evolutivo no sentido comum.

Sobre este tema não posso fazer mais do que citar as palavras de um dos Mestres de Sabedoria, que explica a antropologia esotérica de *A Doutrina Secreta*:

> "A semelhança anatômica entre o homem e o macaco mais alto, que os Darwinistas citam com tanta frequência como evidência de um ancestral comum a ambos, apresenta um problema interessante, cuja devida solução há que se buscar na explicação esotérica da origem dos grupos pitecoides. Nós a expusemos até onde podia ser útil, ao declarar que a bestialidade de raças primitivas sem mente trouxe a procriação de enormes monstros humanoides, fruto de pais humanos e animais. À medida que transcorria o tempo e essas formas ainda semiastrais se consolidavam fisicamente, os descendentes dessas criaturas monstruosas foram modificados por condições externas, até que a espécie, diminuindo em tamanho, culminou nos macacos mais baixos do período Mioceno. E foi com estes que os últimos atlantes repetiram de novo o mesmo pecado dos 'Sem mente', mas desta vez com plena responsabilidade. O resultado de seu crime foram as espécies agora conhecidas como antropoides... Recordemos aqui o ensinamento esotérico que nos diz que o homem tinha, durante a Terceira Ronda, uma forma gigantesca no Plano Astral; e de maneira similar, ao concluir

a Terceira Raça da atual Ronda. Isso explica o aspecto humano dos antropoides, especialmente dos mais tardios, além do fato de que estes últimos conservaram por herança um aspecto parecido com seus progenitores atlante-lemurianos."

Os próprios Mestres afirmam ainda que os mamíferos foram produzidos durante a Quarta Ronda, depois do aparecimento da raça humana. Por esta razão, não houve barreira contra a fertilidade, porque os tipos-raiz de tais mamíferos não estavam distantes o suficiente para erguer essa barreira natural. A união não natural de parte da Terceira Raça, quando o ser humano não possuía ainda a luz de *Manas*, não foi um crime contra a Natureza, já que, não havendo mente presente, salvo em forma germinal, não podia haver responsabilidade. Mas na Quarta Ronda, estando a luz de *Manas* presente, a renovação de tal ato de parte da nova raça foi um crime, porque foi feito com pleno conhecimento de suas consequências e contra as advertências da consciência. O efeito *kármico* disso, que inclui todas as raças humanas, terá ainda que ser plenamente sentido e compreendido – num dia distante, que ainda está por vir.

Assim como o homem veio a este globo de outro planeta, embora na ocasião fosse, é claro, um ser de imenso poder, antes de ficar completamente enredado na matéria, igualmente vieram os reinos inferiores de outros planetas, em gérmen e tipo, para continuar sua evolução ascendente, passo a passo, com a ajuda do ser humano, que, em todos os períodos de manifestação, encontra-se à frente da vaga de vida. Os Egos nestes reinos inferiores não puderam terminar sua evolução antes que a precedente cadeia de globos chegasse à sua dissolução, e, tendo vindo continuá-la aqui, avançam era após era, aproximando-se gradualmente do estágio humano. Um dia eles também se converterão em seres humanos e agirão como vanguarda e guia de outros reinos inferiores, neste ou noutro globo. E em tais vindas de outros planetas, sempre serão trazidas, junto com a mais alta classe de seres, algumas formas de vida animal, assim como frutas e outros produtos, que, à maneira de modelos ou protótipos, serão usados neste momento. Não vale aqui entrar em detalhes, pois sendo demasiado avançado para o entendimento de nossa época, isto só seria considerado ridículo por parte de alguns, e pura tolice por parte de outros. Porém, como as formas gerais dos vários reinos foram trazidas desta maneira, temos que considerar a seguir como a diferenciação das espécies animais e de outras espécies inferiores começou e foi levada adiante.

Este é o ponto em que a ajuda e interferência inteligentes de uma mente ou de um grupo de mentes são absolutamente necessárias. Tal ajuda e interferência foram e continuam sendo um fato, pois sem ajuda a Natureza não pode fazer um trabalho perfeito. E com isso não quero dizer que Deus ou anjos interfiram ou ajudem. É o homem quem assim o faz. Não o homem de hoje, fraco e ignorante como está, mas grandes almas; homens elevados e santos que possuem imenso poder, conhecimento e sabedoria. E todo ser humano poderia assim se tornar, se a religião por um lado e a ciência por outro não tivessem pintado um tal quadro de nossas debilidades, maldade intrínseca e origem puramente material, fazendo com que praticamente todos os homens pensem que são apenas fantoches de Deus ou de um destino cruel sem esperança, ou permaneçam com um objetivo egoísta ou degradante em vista, tanto aqui como depois. Vários nomes têm sido dados a estes grandes seres agora afastados de nosso plano. Eles são os *Dhyānis*, os Criadores, os Guias, os Grandes Espíritos, assim como outros títulos. Na literatura teosófica, são chamados *Dhyānis*.

Através de métodos que são conhecidos por eles e pela Grande Loja, eles trabalham sobre as formas que foram trazidas de outros globos, e, acrescentando aqui, tirando ali e com frequência alterando, transformam gradualmente, por tal alteração e adição, os reinos da Natureza, como também o gradualmente formado corpo denso do homem. Este processo é realizado principalmente no período puramente astral e que precede ao estado físico denso, já que os impulsos assim dados seguramente se projetarão adiante em períodos seguintes. Quando se alcança o ponto médio da evolução, as espécies emergem na cena presente sem mostrar nenhuma conexão aos olhos do homem ou de seus instrumentos. As investigações atuais têm rastreado certas espécies até um ponto em que, como foi confessado, não se conhece a raiz de onde vieram. Tomando o boi por um lado e o cavalo por outro, notamos que ambos têm cascos, mas um tem um casco fendido e o outro apenas um dedo. Quando alcançamos o ancestral de cada um, estes nos remetem até um ponto intermediário, e ali a Ciência tem que parar. É neste ponto que a sabedoria dos Mestres vem para mostrar-nos que por trás disso está a região astral da antiquíssima evolução, onde residiram os tipos-raiz sobre os quais os *Dhyānis* iniciaram a evolução por alteração e adição, e que resultou na posterior diferenciação neste plano denso, dentro de várias famílias, espécies e gêneros.

Um vasto período de tempo, cerca de 300.000.000 de anos, transcorreu para a Terra e para o ser humano, assim como para todos os reinos naturais, dentro dessa condição astral. Então não havia matéria densa tal como a conhecemos agora. Isso aconteceu durante as primeiras rondas, quando a Natureza procedia lentamente com a obra de ir aperfeiçoando os tipos no Plano Astral, o qual é matéria, embora de uma finíssima textura. Ao final desse período de anos, começou o processo de endurecimento, sendo a forma humana a primeira a solidificar-se, e então alguns dos protótipos das rondas precedentes entraram no processo de solidificação, ainda que, de fato, pertencentes a um período anterior quando tudo era astral. Quando tais fósseis são descobertos, argumenta-se que devem pertencer àquelas criaturas que coexistiram com o ser humano em seu corpo físico denso.

E enquanto esse argumento é suficientemente válido à luz de certas teorias científicas, converter-se unicamente numa presunção se apenas se admite a existência do período astral. Entrar em mais detalhes a este respeito iria além do alcance desta obra. Podemos tão somente nos limitar a dizer que nem a abelha nem o trigo teriam podido alcançar sua diferenciação original nesta cadeia de globos, mas que devem ter sido produzidos em alguma outra, da qual foram trazidos a esta. O porquê disso, deixa-se como uma conjectura. Pode-se fazer objeção à teoria completa dizendo que a Ciência não conseguiu até agora encontrar os elos perdidos entre os tipos-raiz do período astral e os presentes fósseis das espécies viventes. No ano de 1893, em Moscou, o professor Virchow expressou, numa conferência, que o elo perdido permanecia mais distante do que nunca, mais um sonho do que nunca, e que não havia nenhuma evidência real mostrando que o homem descende dos animais. Isto é verdade, e nenhuma classe de elo perdido poderá ser descoberto pela Ciência com os métodos presentes. Pois todos eles existem no Plano Astral e são, portanto, invisíveis à vista física.

Estes podem ser vistos tão somente pelos sentidos astrais internos, os quais devem ser primeiro treinados para realizar seu trabalho apropriadamente, e até que a Ciência admita a existência de tais sentidos astrais internos, nunca buscará a maneira de desenvolvê-los. Em tal caso, a Ciência permanecerá sem os instrumentos necessários para descobrir os elos astrais que ficaram no Plano Astral durante o longo curso de diferenciação. Os fósseis referidos acima, que foram, por assim dizer, solidificados fora de hora, constituem uma exceção à impossibilidade de localizar algum elo perdido; mesmo assim, eles representam becos sem saída para a Ciência, já que essa não admite nenhum dos fatos básicos para sua solução.

O objetivo por trás de toda esta diferenciação, amalgamação e separação está bem esclarecido nas palavras de outro dos Mestres:

> "A Natureza conscientemente prefere que a matéria seja indestrutível nas formas orgânicas mais que nas inorgânicas, e que ela trabalhe lenta mas incessantemente para a realização desse objetivo – a evolução da vida consciente a partir de material inerte". [17]

[17] SINNETT, A. P. *O Mundo Oculto*. Editora Teosófica, Brasília, 2012. (N.E.)

CAPÍTULO 16

AS LEIS FÍSICAS E AS FORÇAS

O campo das forças psíquicas, dos fenômenos e sua dinâmica é muito extenso. Tais fenômenos são vistos e suas forças exibidas diariamente em todos os países, porém, até há poucos anos, muito pouca atenção lhes havia sido dada pelos cientistas, enquanto são ridicularizados todos os que têm relatado a respeito de acontecimentos psíquicos ou afirmado sua crença neles.

Há uns quarenta anos, surgiu um culto nos Estados Unidos que foi erroneamente denominado "Espiritualismo"[18], todavia, mesmo tendo uma grande oportunidade, não passou de uma mera busca do estranho e do curioso, sem a mais leve sombra de filosofia. Este culto tem conseguido pouco em termos de progresso, excetuando-se um registro de acontecimentos não assimilados que, por quatro décadas, fracassaram em captar seriamente a atenção da massa em geral. Mesmo tendo sua utilidade e incluindo em suas fileiras muitas mentes avançadas, os grandes perigos e os danos causados aos indivíduos envolvidos como instrumento, e àqueles que os procuravam superam em muito o bem realizado, na opinião dos

[18] No original em inglês: *Spiritualism.* (N. E.)

discípulos da Loja, que prefeririam ver o indivíduo progredir uniformemente e sem riscos ao longo da senda da evolução. Não obstante, outros investigadores ocidentais, dentro de escolas reconhecidas, não têm feito muito mais, e o resultado é que não há uma Psicologia ocidental digna desse nome.

Esta carência de um sistema adequado de Psicologia é o resultado natural do viés materialista da Ciência, e da influência paralisante da religião dogmática; a primeira, ridicularizando os esforços e obstruindo o caminho; a outra, proibindo a investigação. O ramo católico da Igreja cristã é uma exceção até certo ponto. Esse sempre tem admitido a existência do mundo psíquico, porque esse é o mundo dos anjos e dos demônios. Mas como os anjos se manifestam quando querem, e os demônios devem ser evitados, a Igreja não permite que ninguém, a não ser um sacerdote autorizado, se intrometa em tais assuntos. Quanto à proibição da prática perniciosa da necromancia a que se dedicavam os espiritualistas[19], isso foi válido; mas não as outras proibições e restrições. A psicologia verdadeira de hoje é um produto oriental. É bem verdade que o real sistema psicológico foi conhecido no Ocidente, na época em que uma antiga civilização florescia na América e em certas partes da Europa pré-cristã; porém, na época atual, a psicologia em seu aspecto verdadeiro reside no Oriente.

Existem realmente as forças, as leis e os poderes psíquicos? Se eles existem, então seus aspectos fenomênicos devem igualmente existir. E se tudo o

[19] No original em inglês: *spiritualists.* (N.E.)

que foi delineado nos capítulos anteriores é verídico, então também existem no ser humano os mesmos poderes e as mesmas forças que se encontram em todo o campo da Natureza. O ser humano é considerado pelos Mestres de Sabedoria como o produto mais elevado de todo o sistema evolucionário, e que reflete em si mesmo todo o poder que existe na Natureza, não importa quão maravilhoso ou terrível seja; e pelo fato mesmo de ser tal espelho ou reflexo, ele é um ser humano.

Este fato tem sido reconhecido por longo tempo no Oriente, onde o autor tem presenciado a exibição de tais poderes que desconcertariam as teorias de muitos cientistas do Ocidente. Os mesmos fenômenos têm sido repetidos no Ocidente em presença do autor, e, por conseguinte, ele sabe por conhecimento próprio que todos os seres humanos, de todas as raças, possuem potencialmente os mesmos poderes. Os genuínos fenômenos psíquicos – também denominados mágicos – que produzem os faquires e os iogues orientais, são todos realizados por mediação de forças e processos naturais que até agora não têm sido sequer sonhados no Ocidente. A levitação do corpo humano, em aparente desafio à gravidade, é algo que pode ser realizado com facilidade tão logo o método tenha sido dominado. A levitação não contraria lei alguma. A gravitação não é senão a metade de uma lei. O sábio do Oriente admite a gravitação, se é que se deseja adotar esse termo, mas o termo correto é "atração"; à outra metade da lei se dá o nome de "repulsão", ambas governadas pelas grandes leis da força elétrica. O peso e a estabilidade dependem da polaridade, e quando a polaridade de um objeto é modificada com relação à Terra diretamente debaixo dele, esse objeto pode levantar-se. Porém, como os objetos estão desprovidos da consciência que caracteriza o ser humano, os mesmos não podem elevar-se sem o concurso de outras forças. Entretanto, o corpo humano se elevará no ar, sem apoio, como um pássaro, cada vez que sua polaridade seja apropriadamente modificada. Esta modificação pode ser produzida conscientemente por meio de um sistema de respiração conhecido pelos orientais; o processo pode ser também induzido com a ajuda de certas faculdades naturais que serão mencionadas mais adiante, nos casos singulares de pessoas que sem ter conhecimento da lei executam esses fenômenos, tais como certos casos de santos da Igreja.

Uma terceira grande lei, que toma parte em muitos dos fenômenos do Oriente e do Ocidente, é a lei de Coesão. O poder da Coesão é um poder em si mesmo e não um resultado, como se supõe. Esta lei e seu funcionamento devem ser conhecidos, se tiverem de ser produzidos certos fenômenos como, por exemplo, os que o autor tem presenciado: a passagem de um anel de ferro maciço através de outro, ou a de uma pedra através de uma parede maciça. Aqui se emprega outra força, que pode apenas ser denominada força de dispersão. A Coesão é a força dominante, pois no momento em que a força dispersante se retira, a força coesiva restabelece as partículas à sua posição original.

Como resultado destes poderes, o Adepto versado nessa grande dinâmica é capaz de dispersar os átomos de um objeto – excetuando-se sempre o corpo humano – a uma certa distância uns dos outros, que o objeto torna-se invisível, e então o Adepto pode projetar esses átomos ao longo de uma corrente formada no éter e a qualquer distância sobre a Terra. No momento desejado, a força dispersante se retira, e imediatamente a força coesiva se restabelece por si mesma, e o objeto reaparece intacto. Isso pode ser tomado como ficção, mas, sendo conhecido pela Loja e seus discípulos como um fato verídico, é igualmente certo que a Ciência admitirá esta proposição mais cedo ou mais tarde.

A mentalidade laica, no entanto, contagiada com o materialismo atual, quer saber como todas estas manipulações são possíveis, visto, naturalmente, que não são necessários quaisquer instrumentos materiais. Os instrumentos estão no corpo e no cérebro do ser humano. Na visão da Loja, "o cérebro humano é um gerador com potência inesgotável", e um conhecimento completo das internas leis químicas e dinâmicas da Natureza, juntamente com uma mente disciplinada, concedem a seu possuidor o poder de operar as leis às quais me referi. Este poder pertencerá ao ser humano do futuro, e seria dele atualmente, se não fosse pelo dogmatismo cego, o egoísmo e a incredulidade materialista. Nem mesmo o próprio cristão vive à altura da verdadeira declaração de seu Mestre, de que com fé a pessoa poderia mover montanhas. O conhecimento da lei, quando se lhe acrescenta a fé, confere poder sobre a matéria, a mente, o espaço e o tempo.

Servindo-se dos mesmos poderes, o Adepto treinado pode fazer aparecer ante os olhos físicos, palpáveis ao tato, objetos materiais que não estavam anteriormente visíveis, e em qualquer forma desejada. Este fenômeno seria chamado pelo vulgo de criação, mas é simplesmente a evolução bem diante de nós. A matéria encontra-se suspensa no ar à nossa volta. Toda partícula de matéria visível, ou ainda não precipitada, tem passado por todas as formas possíveis, e o que o Adepto faz é selecionar alguma forma desejada, que existe, como todas, na luz astral, e então por esforço da Vontade e da Imaginação, vestir de matéria a forma desejada, por precipitação. O objeto assim produzido se desvaneceria, a menos que se fizesse uso de outros processos determinados, que não é necessário aqui explicar, mas se tais processos fossem usados, o objeto permaneceria em forma permanente; e se for desejável tornar visível uma mensagem sobre um papel ou qualquer outra superfície, as mesmas leis e os mesmos poderes seriam aplicados a esse fim. A imagem distinta – fotográfica e altamente definida – de cada linha, de cada letra ou figura é formulada na mente, e então, do ar se extrai o pigmento para que ela se precipite dentro dos limites já estabelecidos pelo cérebro, "gerador inesgotável de força e forma". O autor tem presenciado a execução de todos estes fenômenos na forma descrita, e jamais aceitou a intercessão de algum médium passivo e irresponsável, pois ele conhece o funcionamento dos fenômenos dos quais fala.

Isso, pois, nos conduz naturalmente à proposição de que a Vontade humana é todo-poderosa e que a Imaginação é uma faculdade muito útil, dotada de força dinâmica. A Imaginação é o poder de criação de imagens da mente humana. Na média normal, a imaginação do ser humano carece de treinamento ou poder para ser algo mais que uma espécie de sonho, mas pode ser treinada. Uma vez treinada, a Imaginação converte-se no construtor dentro da oficina. Quando alcança tal nível, ela traça um molde na substância astral, através do qual emanarão os efeitos objetivados. Depois da Vontade, a Imaginação é o poder maior dentro do agregado humano de complicados instrumentos. A definição ocidental moderna da palavra Imaginação está incompleta e fora de perspectiva; é usada principalmente para designar as fantasias ou os conceitos falsos, mas em todos os casos como uma definição do irreal. Entretanto, é impossível considerar outro termo mais apropriado, porque um dos poderes da Imaginação treinada é precisamente o de produzir uma imagem.

A palavra deriva-se desses vocábulos que significam a formação ou reflexão de uma imagem. Esta faculdade, usada irregularmente, não tem proporcionado ao Ocidente nenhuma outra ideia, a não ser chamá-la de "fantasia". Até certo ponto a sugestão é aceitável, mas essa faculdade pode ser estendida a maiores limites, que, ao serem alcançados, induzem a Imaginação a desenvolver na substância astral uma imagem ou modelo que pode ser usado, da mesma maneira que um ferreiro usa um molde de areia para verter o ferro fundido. A Imaginação, portanto, é a Faculdade Régia, já que a Vontade não pode efetuar sua tarefa se a Imaginação é fraca ou não treinada.

Por exemplo, se a pessoa que deseja precipitar do ar vacila o mínimo que seja com respeito à imagem formulada na substância astral, o pigmento se precipitará sobre o papel de uma maneira igualmente oscilante e difusa.

Para comunicar-se com outra mente a qualquer distância, o Adepto harmoniza todas as moléculas de seu cérebro e todos os pensamentos de sua mente, com a finalidade de vibrar em uníssono com a mente que será utilizada; e, da mesma maneira, essa outra mente e cérebro têm que entrar em uníssono voluntariamente. Portanto, quer o Adepto se encontre em Bombaim e seu amigo em Nova Iorque, a distância não oferece obstáculo algum, porque os sentidos internos não dependem do ouvido, e esses sentidos podem perceber os pensamentos e as imagens que se desenrolam na mente da outra pessoa.

Quando se deseja examinar a mente e captar os pensamentos de outra pessoa, e as imagens que a rodeiam, de tudo o que ela pensou e contemplou, a visão e o ouvido internos do Adepto focalizam-se na mente a ser examinada, cujo conteúdo torna-se prontamente perceptível. Porém, conforme se disse anteriormente, só um farsante faria isso, e os Adeptos não fazem isso, exceto em casos estritamente autorizados. O indivíduo moderno não vê delito algum em imiscuir-se nos segredos alheios por meio deste poder, mas os Adeptos dizem que isso é uma violação dos direitos da outra pessoa. Ninguém tem o direito, mesmo possuindo tal poder, de penetrar na mente de outra pessoa e captar seus segredos. Esta é a Lei da Loja para todos os buscadores, e se alguém reconhece que está a ponto de descobrir os segredos de seu semelhante, deve imediatamente se retirar e não prosseguir. Se prosseguisse, esse poder lhe seria retirado, se fosse um discípulo; no caso de qualquer outra pessoa, ela deve aceitar as consequências desta espécie de invasão. A Natureza tem suas leis e seus guardiães, e se cometemos crimes no mundo astral, a grande Lei e seus guardiães, para os quais nenhuma invasão é permitida, executarão sua pena, não importa por quanto tempo tenhamos que esperar, ainda que seja por dez mil anos. Eis aqui outra salvaguarda da ética e da moral ocultas. Porém, enquanto os seres humanos não chegarem a admitir o sistema filosófico exposto neste livro, não julgarão errôneo cometer crimes em esferas de ação onde suas fracas leis humanas não têm efeito algum; mas, ao mesmo tempo, ao recusar assim esta filosofia, eles seguem postergando o dia em que todos possam chegar a possuir estes grandes poderes para o uso de todos.

Entre os fenômenos que merecem menção, encontram-se os que consistem no movimento de objetos sem nenhum contato físico. Isso é possível de distintas maneiras. A primeira é projetar fora do corpo a mão e o braço astrais, e com esses instrumentos pegar o objeto que se deseje transportar. Este fenômeno pode ser efetuado a uma distância aproximada de até três metros do corpo da pessoa. O propósito aqui não é iniciar uma discussão sobre o tema, mas simplesmente fazer alusão às peculiaridades da substância e membros astrais. Isso poderá servir para explicar vários fenômenos produzidos por médiuns.

Em quase todos os casos de tais aportes, a proeza realiza-se com a ajuda da mão astral, invisível, mas material. O segundo método consiste em fazer uso dos elementais, conforme mencionei anteriormente. Esses elementais, enquanto guiados pelo homem interno, têm a faculdade de transportar os objetos trocando-lhes a polaridade, e então vemos – como no caso dos fenômenos praticados pelos faquires da Índia e alguns médiuns na América – objetos pequenos movendo-se sem qualquer sustentação aparente. Estas entidades elementais são empregadas quando os objetos são transportados a distâncias maiores que a que os membros astrais podem alcançar. O fato de que os médiuns desconhecem o procedimento deste fenômeno, não é argumento contra esta tese. Os médiuns raramente sabem, ou jamais souberam a forma como eles próprios efetuam qualquer proeza de mediunidade, e seu desconhecimento da lei não é prova alguma contra a existência desta. Aqueles estudantes que internamente têm observado o funcionamento destas faculdades não necessitarão de maior argumento sobre isso.

A clarividência, a clariaudiência e a visão dupla estão muito estreitamente vinculadas. O exercício de qualquer destas faculdades atrai simultaneamente as outras duas. Tais faculdades são apenas variações de um só poder. O som é uma das características que distinguem a esfera astral, e como a luz acompanha o som, a visão é adquirida simultaneamente com o que se ouve. Ver uma imagem com os sentidos astrais significa que ao mesmo tempo se produz um som, e, da percepção de tal som, infere-se a presença de uma imagem relacionada com a substância astral. O verdadeiro estudante de Ocultismo sabe perfeitamente bem que cada som produz instantaneamente uma imagem, e este fenômeno, há tão longo tempo conhecido no Oriente, foi recentemente demonstrado no Ocidente diante de testemunhas oculares, em forma de imagens produzidas por sons sobre um tímpano distendido. Este aspecto da matéria pode ser tratado com muito mais amplitude com a ajuda do Ocultismo, mas, como este assunto resulta perigoso dentro do estado atual da sociedade, eu paro por aqui.

Na luz astral encontram-se, sem exceção alguma, as imagens de todos os acontecimentos que ocorreram com cada pessoa, como também as imagens de todos aqueles acontecimentos que estão por vir, com suas correspondentes causas bem marcadas e estabelecidas. Se as causas estão ainda indefinidas, assim também estarão as imagens do futuro. Porém, quanto ao conjunto de eventos relativos aos anos futuros, todas as causas produtoras estão sempre traçadas com suficiente precisão, permitindo que o vidente as veja com antecipação como se fosse no presente. Por meio destas imagens percebidas com os sentidos internos, todos os videntes exercitam sua estranha faculdade, e, no entanto, esta faculdade é comum a todos os seres humanos, embora a maioria a tenha apenas ligeiramente desenvolvida; porém, o Ocultismo afirma que se não fosse pelo gérmen deste poder ligeiramente ativo em cada um de nós, nenhuma pessoa poderia transmitir a outra qualquer ideia.

Quanto à clarividência, as imagens da luz astral passam diante da visão interna e refletem-se no olho físico a partir de dentro. Então, essas imagens aparecem ao vidente em forma aparentemente objetiva. Se tais imagens são dos acontecimentos passados, ou dos eventos futuros, a imagem é apenas vista; se os eventos estão atualmente acontecendo, os sentidos internos percebem vivamente a cena através da luz astral.

A diferença característica entre a visão comum e a clarividência é, portanto, que durante a clarividência, estando a visão comum desperta, a vibração é comunicada primeiro ao cérebro, de onde é transmitida ao olho físico, formando uma imagem sobre a retina, da mesma maneira que o disco giratório do fonógrafo faz com que o bocal vibre, exatamente como a voz vibrava ao entrar no receptor. Na visão natural do olho físico, as vibrações são primeiro transmitidas ao olho e deste órgão para o cérebro. As imagens e os sons são ambos produzidos por vibrações e, portanto, qualquer som, uma vez produzido, conserva-se na luz astral; de onde o sentido interno pode percebê-lo e do interior transmiti-lo ao cérebro, de onde o som alcança o ouvido físico.

De igual modo, na clariaudiência a distância, o ouvinte não escuta com o ouvido, mas por intermédio do centro de audição no corpo astral. A dupla visão pode ser, ou não, a combinação da clariaudiência e da clarividência, de acordo com o caso em particular; e a frequência com que os eventos futuros são percebidos pelo vidente, acrescenta um elemento de profecia.

A ordem mais elevada de clarividência, ou seja, da visão espiritual, é muito rara. O vidente comum opera apenas com os aspectos e os estratos comuns da matéria astral. A visão espiritual vem para os seres que são puros, devotados e perseverantes. Essa faculdade pode ser alcançada através do desenvolvimento especial do peculiar órgão do corpo por meio do qual tal visão é possível, e só depois de uma disciplina adequada, um longo treinamento e um elevado altruísmo. Qualquer outro sistema de clarividência é transitório, inadequado e fragmentário, porque lida unicamente com assuntos materiais e ilusórios. Seu caráter fragmentário e inadequado resulta do fato de que quase nenhum clarividente possui a faculdade de ver ao mesmo tempo em mais de um dos graus ou estratos inferiores da substância astral. Os seres de pensamento puro e os esforçados podem lidar com o futuro e o presente melhor que qualquer vidente. Mas como a existência destas duas faculdades confirma a presença em nós dos sentidos interiores e do meio necessário – a luz astral –, eles têm então, como faculdades humanas, um significado importante em relação às alegações dos chamados "espíritos" das salas *séances*. [20]

Os sonhos são com frequência o resultado da ação automática cerebral, e são também produzidos por transmissões efetuadas pela pessoa interna real, ao cérebro físico, daquelas cenas ou ideias, elevadas ou não, que o verdadeiro ser percebeu enquanto o corpo físico dormia. Essas imagens mentais penetram então no cérebro como se flutuassem na

[20] Salas de sessões de movimentos espiritualistas . (N.E.)

alma, à medida que esta se funde de volta no corpo físico. Estes sonhos nos podem ser muito úteis, mas em geral o retorno à atividade corporal destrói seu significado, pervertendo a imagem e reduzindo tudo à confusão. Mesmo assim, o fato principal do sonho é que há uma entidade que percebe e sente ali dentro, e este é um dos argumentos que comprovam a existência de uma entidade interna. Durante o sono, o homem interno se comunica com inteligências superiores e algumas vezes consegue registrar em seu cérebro os conhecimentos adquiridos, seja uma ideia elevada ou uma visão profética, a não ser que falhe em consequência da resistência que oferece a substância cerebral. O *Karma* da pessoa também determina o significado de um sonho, porque um rei pode sonhar algo que corresponda a seu reino, enquanto que o mesmo sonho experimentado por um de seus súditos não tem necessariamente que se traduzir em fatos de consequência temporal. Mas, em todo caso, como disse Jó: "Em sonhos e visões noturnas o homem é instruído".

As aparições e os duplos são de dois tipos gerais. Um, composto de cascões astrais ou imagens do mundo astral, quer sejam realmente visíveis ao olho, ou o resultado de vibrações internas projetadas à visão, e induzindo assim a pessoa a crer que percebe uma forma objetiva externa. A outra categoria se compõe de corpos astrais de pessoas vivas, com consciência plena ou parcial. Laboriosos experimentos realizados por Sociedades de Pesquisas Psíquicas, com o fim de provar a realidade dessas aparições, mas sem conhecer estas leis, realmente não provam nada, porque de vinte casos admitidos, dezenove podem ser a mera objetivação de imagens projetadas no cérebro. Mas não há dúvida de que essas aparições têm sido presenciadas e testificadas. As aparições dos recém-falecidos podem tanto ser imagens objetivas, como se explicou anteriormente, ou o próprio corpo astral dos falecidos, que nesta esfera tem o nome de *Kāma-Rūpa*. E como as forças e os pensamentos finais que se liberam do corpo são muito poderosos, temos mais relatos de aparições deste tipo do que de qualquer outra classe.

O Adepto pode projetar sua própria aparição, a qual é, no entanto, conhecida sob outro nome, já que consiste de seu corpo astral consciente e treinado, dotado de toda sua inteligência e não totalmente desconectado de seu corpo físico.

A Teosofia não nega nem desconhece as leis físicas descobertas pela ciência. Ela admite todas, quando provadas, mas afirma a existência de outras leis que modificam a ação daquelas comumente conhecidas. Por trás de todos os fenômenos visíveis encontra-se o Cosmos oculto com seu mecanismo ideal; esse Cosmos oculto só pode ser plenamente conhecido por intermédio dos sentidos internos que lhe correspondem; esses sentidos não se desenvolverão facilmente enquanto sua existência for negada. O cérebro e a mente, atuando em uníssono, têm o poder de desenvolver formas; em primeiro lugar, formas astrais na substância astral, e depois, como formas visíveis por acumulações da matéria física sobre este plano. O sentido de objetividade depende em alto grau da percepção, e, por sua vez, a percepção pode ser afetada pelo estímulo interior.

Portanto, uma testemunha pode ver um objeto que verdadeiramente existe exteriormente, ou pode ser induzida a ver um objeto por meio de um estímulo interno. Isto nos permite três tipos de visão: a) com os olhos físicos, mediante a luz que emana do objeto; b) com os sentidos internos, por meio da luz astral, e c) por estímulos internos que fazem com que o olho se reporte ao cérebro, projetando deste modo a imagem para o exterior. Os fenômenos dos demais sentidos podem ser tabulados da mesma maneira.

Como a substância astral constitui o registro de todos os pensamentos, sons, imagens e outras vibrações, e como o homem interno é um ser capaz de atuar com ou sem a participação do corpo físico, todos os fenômenos de hipnotismo, clarividência, clariaudiência, mediunidade e todos os demais que não se experimentam de forma consciente, podem, pois, ser explicados. Na substância astral encontram-se todos os sons e imagens, e no homem astral permanecem as impressões de todos os eventos, por mais remotos ou insignificantes que sejam. Essas impressões e o corpo astral, quando atuam simultaneamente, produzem os fenômenos que parecem tão estranhos para aqueles que negam ou que desconhecem os postulados do Ocultismo.

Mas para chegar a explicar os fenômenos executados pelos Adeptos, os Faquires, os Iogues e todos os Ocultistas treinados, é necessário compreender as leis ocultas da química, da mente, da energia e da matéria. Estes temas evidentemente não podem ser tratados aqui em detalhes, por se encontrarem fora do alcance desta obra.

CAPÍTULO 17

OS FENÔMENOS PSÍQUICOS E O ESPIRITUALISMO

Através da história dos fenômenos psíquicos, as crônicas do suposto "Espiritualismo"[21] na Europa, América e outras partes ocupam um importante lugar. Com conhecimento de causa digo que nenhum outro termo jamais foi pior empregado que o vocábulo "Espiritualismo",[22] adaptado na Europa e na América a esse culto mencionado anteriormente, posto que não existe nada tocante ao espírito nele. As doutrinas aqui expostas nos capítulos anteriores são as do Espiritualismo verdadeiro; as mal denominadas práticas dos médiuns modernos e dos supostos espiritualistas constituem em realidade o Culto dos Mortos, a necromancia de antigamente, a qual sempre foi proibida pelos instrutores espirituais. Essas práticas constituem uma materializarão grosseira da ideia espiritual e se relacionam com o material mais que com o espírito. Acredita-se que este culto começou a disseminar-se na América do Norte em meados

[21] Esses comentários talvez se aplicassem ao Espiritualismo norte-americano do século 19, também denominado (Espiritismo), mas com certeza não se aplicam ao Espiritismo atual no Brasil, que tem se caracterizado pelo trabalho em prol da caridade. (N.E.)

[22] Idem. (N.E.)

do século dezenove, na cidade de Rochester, estado de Nova Iorque, sob a mediunidade das irmãs Fox; mas essa prática já era conhecida em Salem, durante o famoso período de grande agitação sobre feitiçaria. Na Europa, em fins do século XVIII, se exerciam as mesmas práticas, similares fenômenos eram percebidos, desenvolviam-se médiuns e aconteciam as *séances*.[23] Durante séculos, o Espiritualismo tem sido bem conhecido na Índia, onde essa prática é propriamente designada "culto dos *bhutas*", que significa a intenção de comunicar-se com os espíritos malignos ou com os restos astrais de pessoas falecidas. *Bhuta* deveria ser seu nome aqui também, pois, pelo exercício desse culto, as partes grosseiras e demoníacas, ou terrenas, dos seres humanos e são estimuladas, invocadas e comunicadas. Porém, os fatos da extensa crônica de quarenta anos de prática na América do Norte requerem um breve exame. Todos os teósofos devem admitir esses fatos. Entretanto, a explicação e as deduções teosóficas são totalmente diferentes do espiritualista comum. Nenhuma filosofia desenvolveu-se seguindo a literatura do Espiritualismo, e unicamente a Teosofia será capaz de ministrar a correta explicação, apontar defeitos, prevenir perigos e sugerir remédios.

Como é sabido que a clarividência, a clariaudiência, a transmissão do pensamento, a profecia, o sonho e a visão, a levitação e as aparições fenomênicas são todos poderes ou faculdades que têm sido conhecidos através dos séculos, as questões mais

[23] Sessões de movimentos espiritualistas. (N.E.)

prementes com relação ao Espiritualismo são as que tratam da comunicação mediúnica com as almas dos seres que faleceram e acham-se agora desencarnados, e com espíritos não classificados, que não encarnaram sobre a Terra e que pertencem a outras esferas. Talvez, também, a questão da materialização de formas nas sessões de movimentos espiritualistas mereça certa atenção. As comunicações incluem o falar em estado de transe, produzir escritos sobre uma lousa ou papel, produção de vozes independentes no ar, falar através da voz do médium, e a precipitação de mensagens escritas vindas do ar. Podem os médiuns comunicar-se com os espíritos dos mortos? Podem nossos amados mortos perceber as condições de existência terrena que eles abandonaram, e podem regressar alguma vez para falar e conversar conosco?

As respostas a estas perguntas estão implícitas nos capítulos anteriores. Nossos mortos não nos veem aqui. Estão liberados da terrível angústia que tal espetáculo lhes causaria. De vez em quando, um médium de pensamentos puros e desinteressados pode ascender durante um estado de transe até a região em que se encontra a alma do falecido e pode, ao despertar, recordar alguns fragmentos do que foi ouvido ou percebido ali; porém, isso é muito raro. Ocasionalmente, no curso dos anos, algum espírito humano superior pode, num dado momento, retornar, e por meios certeiros comunicar-se com os mortais. No momento da morte, a alma pode falar a algum amigo sobre a Terra antes que a porta se feche definitivamente. Todavia, por regra geral, a maioria das comunicações, segundo se alega, são transmitidas diariamente através dos médiuns, e provêm dos não inteligentes restos humanos astrais, ou, num grande número de casos, são resultado da invenção, compilação, descobrimento e coordenação por parte do semi desligado corpo astral do médium vivo.

A teoria que afirma que os espíritos dos mortos se comunicam com os vivos suscita certas dúvidas, algumas das quais citamos a seguir:

1. Estes espíritos nunca conseguiram explicar as Leis que governam qualquer um dos fenômenos espiritualistas, a exceção de alguns casos, não aceitos pelo culto, nos quais a teoria teosófica foi expressada. Como esta teoria destruiria sistemas tais como o estabelecido por A. J. Davis, estes espíritos caíram no descrédito.

2. Os chamados espíritos discordam entre si, porque a descrição da vida depois da morte dada por um deles difere inteiramente da descrição fornecida por qualquer outro. Estas discordâncias variam de acordo com o médium e com as teorias atribuídas ao morto durante sua vida. Alguns espíritos admitem a reencarnação e outros a negam.

3. Os espíritos não descobriram nada com relação à história, a antropologia ou outros assuntos importantes, e parecem ter menos capacidade e conhecimentos dessas esferas que os próprios seres viventes; e embora eles com frequência pretendam ser homens que viveram nas civilizações antigas, mostram um grande desconhecimento sobre essas civilizações, ou simplesmente repetem fatos relativos a descobrimentos recentemente publicados.

4. Durante estes quarenta anos de Espiritualismo, não se tem obtido dos espíritos nenhuma exposição *racional* dos fenômenos nem do desenvolvimento da mediunidade. Segundo as reportagens, grandes filósofos falaram por meio de médiuns, mas seus espíritos somente articularam as mais simples trivialidades.

5. Física e moralmente os médiuns chegam a um estado de deterioração, são acusados de fraude e até descobertos como delinquentes, sem que os espíritos-guias de modo algum intervenham para preveni-los ou protegê-los.

6. Admite-se que os espíritos-guias fraudam e incitam a fraude.

7. Pode-se ver claramente através de tudo que tem sido reportado acerca dos espíritos, que suas afirmações e filosofias, se é que existem, variam com o médium e com o pensamento contemporâneo do espírita vivente.

Todas estas razões e muitas mais que poderiam ser acrescidas fortalecem o cientista materialista em sua atitude de ridicularizar o Espiritualismo; mas o teósofo tem que concluir que as entidades, se houvesse algumas que pudessem se comunicar, não são espíritos humanos, e que as explicações devem basear-se em outras teorias.

A materialização de uma forma no ar, sem contato com o corpo físico do médium, é uma realidade; porém, isso não é um espírito. Segundo foi expresso claramente por um dos "espíritos" não bem recebido, um dos métodos para produzir este fenômeno consiste na acumulação de uma massa de partículas eletromagnéticas, à qual se agrega matéria e uma imagem projetada diretamente da esfera astral. Esta é a realidade por trás desse fenômeno, tão essencialmente fraudulento como uma coleção de musselinas e de máscaras. Quanto à maneira de realizar este fenômeno, isso é uma outra questão. Os espíritos não são capazes de explicá-lo, mas foi feita uma tentativa para indicar os métodos e instrumentos nos capítulos anteriores. O segundo método consiste em fazer uso do corpo astral do médium vivo. Neste caso, a forma astral que emanou do médium acumula gradualmente sobre si partículas extraídas do ar e dos próprios corpos dos presentes que assistem à sessão, até que, por fim, a forma astral se torna visível. Algumas vezes assume uma aparência diferente. Em quase todos os casos, a meia luz é um requisito indispensável, porque uma luz alta perturbaria fortemente a matéria astral e tornaria a projeção difícil. Algumas das supostas materializações são pura farsa, porque as mesmas não são senão placas de substância eletromagnética, sobre as quais se refletem imagens existentes na luz astral. Estas imagens assemelham-se às fisionomias de pessoas falecidas, mas não são mais que mera ilusão.

Para poder compreender os fenômenos psíquicos encontrados na história do "Espiritualismo", é necessário conhecer e admitir o seguinte:

1. A hereditariedade completa do homem de um ponto de vista astral, espiritual e psíquico, como

um ser que conhece, raciocina, sente e atua por meio do corpo físico, do corpo astral e da alma.

2. A natureza da mente, sua operação, seus poderes; a natureza e o poder da imaginação; a duração e os efeitos das impressões recebidas. O mais importante neste sentido é a persistência das menores impressões, como das mais profundas; que toda impressão produz uma imagem na aura individual, e que por meio desta se estabelece uma conexão entre as auras de amigos e parentes, velhos, novos, próximos, distantes e em graus diferentes: isso daria a um clarividente um vasto alcance de possível visão.

3. A natureza, extensão, funcionamento e poder das faculdades e órgãos astrais internos, que incluímos nos termos corpo astral e *Kāma*. Que as citadas faculdades não são obstruídas em seu funcionamento pelo estado de transe ou pelo sono, mas que as mesmas são acrescentadas no médium durante o estado de transe; ao mesmo tempo a atividade de tais faculdades não é livre, mas governada pelo conjunto harmônico do pensamento dos assistentes, ou por uma vontade predominante, ou pelo ser diabólico que poderia sigilosamente presidir por trás da cena; que se um investigador científico e cético encontra-se presente, sua atitude mental pode impedir totalmente a ação dos poderes do médium, o que poderia ser chamado de um processo de congelamento, que nenhum vocábulo em nosso idioma conseguirá descrever.

4. O destino do ser humano real depois da morte, seu estado, seus poderes, sua atividade nessa

esfera e sua relação, se tal existe, com todos os que deixou para trás aqui.

5. Que o intermediário entre a mente e o corpo físico - ou seja, o corpo astral - é descartado no momento da morte e abandonado na luz astral, para ser dissipado; e que o ser humano real ou Ego continua sua marcha para o *Devachan*.

6. A existência, natureza, poder e funcionamento da luz astral e seu trabalho como registro na Natureza. Que a mesma contém, retém e reflete as cenas e imagens de cada um dos acontecimentos, como também de todos os pensamentos que tenham ocorrido durante a vida de cada pessoa; que essa luz astral penetra no globo terrestre e a atmosfera que o rodeia; que a transmissão de vibrações através da luz astral é virtualmente instantânea, posto que o grau vibratório é mais elevado ainda que o da eletricidade que conhecemos atualmente.

7. A existência na luz astral de seres que não usam corpos físicos como os nossos, mas que tampouco são humanos em sua natureza, embora possuam certos poderes, faculdades e uma espécie de consciência peculiar a eles. Estas entidades incluem as forças elementais ou os espíritos da Natureza, que se subdividem em muitos graus, e os quais tomam parte em todas as operações da Natureza e em todas as atividades da mente do ser humano. Esses elementais atuam automaticamente nas sessões de movimentos espiritualistas em vários campos; um grupo projetando as imagens ou retratos, outro produzindo sons e ainda outros despolarizando objetos com a fi-

nalidade de efetuar fenômenos. Os homens sem alma que residem na esfera astral atuam em combinação com estes seres elementais. Aos citados *homens sem alma* há que lhes atribuir, entre outros, o fenômeno da "voz independente", que soa sempre como uma voz dentro de um barril, pela simples razão de que é produzida num vácuo, o que é absolutamente necessário a uma entidade tão distanciada do espírito. O *timbre* peculiar desse tipo de voz não tem sido considerado importante pelos médiuns, mas ele é sumamente significativo do ponto de vista do Ocultismo.

8. A existência e o funcionamento de leis e forças ocultas na Natureza, que podem ser empregadas para produzir resultados fenomênicos nesse plano; que estas leis e estas forças podem ser operadas pelo homem subconsciente e pelos elementais consciente ou inconscientemente, e que muitos destes processos ocultos são automáticos, da mesma forma que o congelamento da água sob o frio ou o derretimento do gelo sob o calor.

9. Que o corpo astral do médium, como participa da natureza da substância astral, pode estender-se até certa distância do corpo físico e atuar fora deste, podendo projetar às vezes um membro seu, tal como uma mão, um braço ou uma perna, e deste modo mover objetos, redigir cartas, produzir contatos corporais e assim, *ad infinitum*. E que, além disso, o corpo astral de uma pessoa pode ser induzido a sentir sensações que ao serem transmitidas ao cérebro induzem a pessoa a crer que experimentou um contato corporal ou que ouviu um som.

A mediunidade está repleta de perigos, porque na atualidade o corpo astral do ser humano só funciona normalmente enquanto permanece unido ao corpo físico. Em épocas futuras, o corpo astral funcionará normalmente sem um corpo físico, da mesma maneira que o fez em tempos remotos. Converter-se em médium significa desorganizar-se fisiologicamente e em seu sistema nervoso, já que por intermédio deste último se efetua a conexão entre os dois mundos. Tão logo a porta se abre, todas as forças desconhecidas se precipitam, e como a parte mais grosseira da natureza é a mais próxima de nós neste plano, é essa parte a que mais nos prejudica; a natureza inferior é igualmente a primeira a ser afetada e incitada, porque as forças que se empregam pertencem a essa parte de nosso ser. Ficamos então à mercê dos mais vis pensamentos de todas as pessoas e expostos à perversa influência dos cascões ou vestiduras astrais do *Kāma-Loka*. Se a isso se acrescenta a aquisição de um interesse monetário pela prática da mediunidade, encontramos um perigo adicional, porque as coisas do espírito e as relacionadas com o mundo astral não devem jamais ser objeto de comércio. Esta é a grande doença do Espiritualismo nas Américas que tem degradado totalmente sua história; até que isso tenha sido eliminado, não se poderá obter benefício algum dessa prática. Todos aqueles que desejem ouvir a verdade procedente do outro mundo devem devotar-se à verdade e deixar fora todas as considerações de ordem monetária.

Aventurar-se a obter o desfrute dos poderes psíquicos por pura curiosidade e com fins egoístas é também perigoso pelas mesmas razões atribuídas anteriormente à prática da mediunidade. Como a civilização da época atual é egoísta em grau superlativo e está baseada no elemento pessoal, os métodos para o desenvolvimento destes poderes na forma correta não têm sido divulgados, mas os Mestres de Sabedoria têm afirmado que a filosofia e a ética devem ser primeiramente aprendidas e praticadas, antes que se possa dar a conhecer o modo de desenvolvimento do outro departamento; assim, a censura dos Mestres com relação ao treinamento dos médiuns encontra-se justificada na história do Espiritualismo, que não é senão uma história interminável da ruína de médiuns sob todo ponto de vista.

Igualmente impróprio é o método das escolas científicas, que, sem pensamento algum acerca da verdadeira natureza do ser humano, imiscuem-se em experimentos hipnóticos, nos quais os sujeitos ficam prejudicados por toda a vida e são induzidos a executar atos vergonhosos para satisfação dos investigadores, papéis que jamais seriam desempenhados por eles em pleno estado de suas faculdades. A Loja dos Mestres não pode interessar-se pela Ciência, a menos que esta se esforce em melhorar tanto o estado moral quanto material do ser humano, e nenhuma ajuda será dada à Ciência até que esta decida ver o o ser humano e a vida do ponto de vista moral e espiritual. Por esta razão, aqueles que conhecem tudo relacionado ao mundo físico, a seus moradores e a suas leis, estão promovendo uma reforma moral e filosófica antes que seja dada qualquer atenção aos sedutores fenômenos possíveis para os poderes internos do homem.

No momento atual, o ciclo quase terminou seu curso em relação ao século. Agora, assim como há cem anos, as forças estão se debilitando; por esse motivo, os fenômenos do Espiritualismo estão diminuindo em número e em notoriedade; a Loja espera que, para a época em que a próxima maré comece a subir, o Ocidente tenha adquirido algum conhecimento verdadeiro da genuína filosofia com respeito ao Homem e à Natureza, e esteja pronto então para permitir que se levante o véu um pouco mais. Contribuir para o progresso da raça nesse sentido é o propósito deste livro e, assim, seu conteúdo submete-se ao juízo imparcial de seus leitores de todas as partes do mundo.